# 좌충우돌

## 청소년 제자훈련 이야기

사랑의교회 청소년 제자훈련 보고서

국제제자훈련원은 건강한 교회를 꿈꾸는 목회의 동반자로서 제자 삼는 사역을 중심으로 성경적 목회 모델을 제시함으로 세계 교회를 섬기는 전문 사역 기관입니다.

## 좌충우돌 청소년 제자훈련 이야기

**초판 1쇄 발행** 2008년 12월 16일
**초판 5쇄 발행** 2013년 8월 25일

**지은이** 김광석
**펴낸이** 오정현
**펴낸곳** 도서출판 국제제자훈련원

**등록** 제22-1240호(1997년 12월 5일)
**주소** (137-865) 서울시 서초구 서초1동 1443-26
**e-mail** dmipress@sarang.org **홈페이지** www.discipleN.com
**전화** (02)3489-4300 **팩스** (02)3489-4309

ISBN 978-89-5731-310-7 03230

※ 책값은 뒤표지에 있습니다. 잘못된 책은 구입하신 곳에서 교환해 드립니다.

# 좌충우돌 청소년 제자훈련 이야기

사랑의교회 청소년 제자훈련 보고서

김광석 지음

국제제자훈련원

라충우들 청소년 제자훈련 이야기

## 서문

　　한국 교회에서 청소년 사역은 갈수록 힘들고 어려워지고 있다. 사역의 헌신도에 비해 그 열매는 언제나 초라하기 때문이다. 그 결과 예전에 비해 청소년 사역에 헌신하려는 사역자들이 점점 줄어들고 있고, 줄어드는 만큼 청소년들은 교회 밖으로 떠나가고 있다. 그렇다고 사역의 위기를 알리는 경고음이 여기저기서 울리는 현실 속에서 마냥 두 손 놓고 체념하며 포기할 수는 없다. 위기일수록 기회는 늘 코앞에 있기 마련이다.

　　이제는 청소년 사역에 대한 패러다임의 대전환이 필요한 때이다. 그리고 그 대전환의 출발점이 바로 청소년 제자훈련이라고 믿는다. 나는 제자훈련 사역을 통해 청소년 사역의 희망을 발견했다. 모든 청소년들이 무기력하고 믿음을 상실한 것은 아니다. 그 가운데에는 반드시 적은 수라도 하나님이 기뻐하시는 학생들이 있다. 마치 엘리야

시대에 하나님이 남겨두신 '남은 자'처럼 말이다. 그 소수의 인원이 청소년 사역의 희망이다. 그 소수를 훈련으로 정예화시켜, 영적 야성을 가지고 섬김의 장으로 나아가게 하여 다른 학생들에게 섬김의 리더십으로 영향을 끼치게 해야 한다. 그 영향력은 우리의 생각을 초월할 정도로 강력하다.

나는 지난 10여 년 동안 그 작고 연약한 청소년들을 통해 하나님이 일하심을 직접 눈으로 확인했다. 청소년들이 제자훈련을 통해 변화되고, 학생 리더로 세움을 받아 후배들을 섬기는 모습에 얼마나 감격하고 감사했는지 모른다. 세상에서 가장 작은 목사인 학생 리더들을 통해 하나님이 기뻐하셨을 날들을 헤아리며 잠을 이루지 못한 적도 많았다. "모든 것을 하나님이 하셨습니다"라는 고백이 입에서 떠나지 않은 그날들이 참으로 행복했으며, 좌충우돌하면서도 진정 감사가 넘쳐났다.

이런 사역을 할 수 있었던 것은 만남의 복이 아니었으면 무엇으로도 설명할 수 없을 것이다. 지금까지 살아오면서 수없이 많은 만남이 있었지만 나에게는 옥한흠 목사님과 오정현 목사님과의 만남이 가장 큰 축복이었다. 옥한흠 목사님을 통해서는 한 영혼을 깨워 그와 함께 동역하는 제자훈련에 대한 선명한 비전과 철학을 배웠다. 그 비전과 철학은 내 마음속에서 지워지지 않고 오히려 시간이 지날수록 더욱 또렷해지고 있다. 남아 있는 일생 동안 목회의 본질을 붙잡고 사역할 수 있는 복을 누리게 된 것이다. 그것은 그 어떤 것과도 바꿀 수 없는 소중한 것이다. 그리고 오정현 목사님을 통해서는 한 영혼에 대한 다함이 없는 목양적인 관심과 누수 없는 사역을 향한 목자의 심정을 배웠다. 한 영혼, 한 영혼을 향한 불타는 목자의 마음이 어떠해야 하는지를 분명하게 배울 수 있었던 것이다. 오정현 목사님에게서 받은 목자의 심정을 담은 '목양적 나침반'은 내가 사명을 마치는 그날까지 목양일념의 길에서 벗어날 때마다 다시 제자리를 찾게 하고, 길을 잃고 방황하지 않도록 안내해 줄 것이다.

이러한 축복된 만남이 없었던들 지금의 이 책은 세상에 나올 수 없었을 것이다. 솔직하게 고백하자면 나에게 지금까지 주어진 청소년 사역은 옥한흠 목사님과 오정현 목사님의 사역의 각주(脚註, footnote)에 불과하다. 본문 내용에 쉽게 풀이를 단 각주처럼 두 분 목사님의 사역을 쉽게 풀어서 청소년들에게 적용하며 지금까지 청소년 사역을 해오고 있기 때문이다. 그러기에 지금까지 사랑의교회에서 해왔던 청소년 사역을 소위 '각주 사역'이라고 해도 과언이 아니다. 정말 놀라운 것은 이러한 사역이었음에도 불구하고 하나님은 큰 은혜를 베풀어주셨다는 것이다.

청소년 사역을 위해 헌신한 모든 분들이 이 책을 통해 다시 한 번 힘을 얻고 새로운 희망을 발견하게 되길 원한다. 그리하여 이 세대보다는 다음 세대가 하나님 앞에 더욱 영광스러운 세대로 세움받아 이 땅과 열방을 품고 변화시키는 하나님의 인물이 헤아릴 수 없을 정도로 많이 배출되길 바란다.

이 책이 나오기까지 수많은 사람들의 노력과 정성이 있었다. 그동안 함께 울고 웃으며 청소년 제자훈련에 마음을 모아주신 고등부 선생님들과 나의 영원한 학생 리더들에게 고마운 마음을 전한다. 특히 제자훈련 초창기에 제자반 교사로 함께 사역하시다가 지금은 하늘나라에 계신 김인숙 선생님은 결코 잊을 수 없을 것이다. 그리고 제자훈련의 멘토이신 강명옥 전도사님께 감사드리고, 책을 쓸 수 있도록 강한 동기부여를 해주신 김명호 목사님과 출판을 위해 애써주신 김건주 목사님, 국제제자훈련원 편집부 직원들에게도 감사드린다. 마지막으로 사랑하는 어머니와 아내 그리고 아빠를 끝까지 지켜봐준 지원, 수지, 태민이에게 고맙다는 말을 전하고 싶다.

2008년 12월
김광석

**프롤로그**  세상에서 가장 '작은 목사'들

　　　　　사랑의교회 청소년 주일학교에는 현재 40여 명의 학생 리더들이 있다. 이들을 '작은 목사'라고 부르는데, 그 이유는 학생 리더들의 주된 사역이 '소그룹 목회'이기 때문이다. 목사가 목회를 하듯 학생 리더들이 작은 목사로서 후배들을 목회하고 있는 것이다.

　그들은 '소그룹'을 담당한 리더로서 1년(또는 6개월) 동안 후배들을 맡아 교사와 동일한 사역을 감당한다. 주일예배 후에 진행되는 소그룹 시간에 공과를 가르치기도 하고, 일대일로 후배들을 만나 함께 기도하고 상한 마음을 치유하기도 한다. 학교에서는 기도모임을 이끌면서 하나님 말씀을 전파하는 사역도 하고 있다.

　사실 아이들에게 이런 사역을 감당하게 한다는 것 자체가 무모한 도전일 수 있다. 현실적으로 아이들이 처한 상황을 보면 그렇다. 대한

민국 청소년들의 중, 고등학교 시기는 대학을 가기 위해 준비하는 시간이라고 해도 과언이 아니다. 그들의 가장 큰 고민은 학업과 진로 문제이다. 이 문제는 대한민국에서 청소년기를 보내는 학생들이 붙잡고 씨름할 수밖에 없는 영원한 과제이다. 이렇게 벅차고 힘든 상황에 있는 아이들에게 리더 훈련을 시키고, 학생 리더로 서임하여 후배들을 섬기게 한다는 것은 무리일지도 모른다.

하지만 그럼에도 불구하고 일반적 상식의 통념을 뒤엎기로 했다. 상식의 세계를 뒤집을 때는 위험도 따르지만 그 반대급부로 반드시 새로운 세계가 펼쳐지게 된다. 청소년들에게 놓인 상황과 환경이 절박할수록 그것을 완화시키려고 애쓰는 것보다 오히려 역발상적으로 '섬김'이라는 하나님이 주신 영적 병기를 사용하는 것이다. 힘들수록 섬겨야 이길 수 있는 능력이 생긴다. 강남의 8학군 지역에서 벌어지는 치열한 입시 전쟁 속에서 신음하며 쓰러지는 것보다 한 영혼을 향한 열정적인 섬김을 통해 하나님이 주시는 힘으로 일어서는 것이 훨씬 더 낫다. 섬김을 통해 받는 하나님의 은혜와 능력은 말로는 표현할 수 없을 만큼 우리의 상상을 초월한다. 섬김은 학생 리더들이 절박한 상황을 돌파하기에 충분한 영적 무기가 되고 있다.

오늘도 묵묵히 이름도, 빛도 없이 그 사명을 감당하며 후배들과 함께 울고 웃으며 사역하는 학생 리더들을 바라본다. 그들의 모습은 정말 거룩하고 아름답다. 학업의 분주함과 치열한 삶의 경쟁 속에서도 내가 아닌 남을 위한 삶의 소중한 가치를 깨닫고 한 영혼, 한 영혼을 말씀으로, 기도로 섬기는 모습은 거룩함 그 자체이다. 하나님의 꿈인 그들이 있기에 하나님은 오늘도 살아 역사하실 수밖에 없다는 망극한 생각을 하게 된다.

이러한 사역을 하게 되기까지는 보이지 않는 하나님의 섭리가 있었다. 그 섭리는 지극히 보잘것없고 부족하고 못난 목사로부터 시작되었다. 처절할 만큼 시행착오의 깊은 늪도 있었고, 좌충우돌하는 깨어짐과 부서짐도 있었다. 이러한 사역의 경험이 나에게는 그 무엇으로도 살 수 없는 소중한 영적 자산이자 동시에 빚이 되었음을 고백한다.

이 사역을 먼저 경험케 하신 하나님 앞에 감사하면서 한국 교회 청소년 사역자들에게 빚을 갚는 심정으로 부족한 청소년 제자훈련 이야기를 이제 시작한다.

## 목차

서문 • 5
프롤로그 - 세상에서 가장 '작은 목사'들 • 10

### Part.1 제자훈련의 첫 발걸음을 떼다

1. 첫 만남 • 18
2. 갈증이 해소되지 않았던 사역 • 23
3. 진정한 사역에 눈을 뜨다 • 26
4. 교사 제자훈련을 시작하다 • 30
5. 실패의 쓴 잔을 '광인론'이 삼켜버리다 • 33
6. 청소년 제자훈련을 시작하다 • 37

### Part.2 청소년 제자훈련의 알파에서 오메가까지

7. 제자훈련생 모집과 선발이 훈련의 성패를 좌우한다 • 46
8. 개강예배 및 오리엔테이션은 이렇게 하라 • 54
9. 제자훈련 교육과정 • 60
10. 제자훈련 수료와 리더훈련으로의 진급 • 67

### Part.3 청소년 리더훈련을 개척하다

11. 청소년 리더십 키우기 • 72
12. 리더훈련의 교육과정 1 • 80
    : 리더훈련은 만남으로 준비하라
13. 리더훈련의 교육과정 2 • 83
    : 오리엔테이션 시간부터 마음을 열어라
14. 리더훈련의 교육과정 3 • 89
    : 진한 동지애를 배우는 훈련과정이 되게 하라
15. 리더훈련의 교육과정 4 • 93
    : 리더훈련 커리큘럼

## Part.4 청소년 제자훈련의 열매

- 16. 이제는 제자에서 동역자로! • 106
- 17. 약함을 통해 드러난 능력들 • 112
- 18. 학교를 향해 전진하는 학생 리더 • 118
- 19. 학생 리더 이렇게 도우라! • 122
- 20. 중등부에서도 학생 리더가 세워지다 • 127
- 21. 고3도 제자훈련에서 예외일 수 없다 • 131
- 22. 교사 제자훈련을 향한 재도전 • 143
- 23. 제자훈련의 또 하나의 열매, '청소년 양육-훈련 시스템' • 147

## Part.5 제자훈련 교역자가 꼭 알아야 할 5가지 Tip

- Tip 1 : 제자훈련 철학으로 스스로를 무장하라 • 160
- Tip 2 : 제자훈련의 토양을 만들기 위해 비전을 공유하라 • 162
- Tip 3 : 처음의 선택이 10년을 좌우한다 • 164
- Tip 4 : 지칠 때마다 제자훈련의 스피릿(Spirit)을 공급받으라 • 166
- Tip 5 : 최소한 3년간 한 우물을 파라 • 168

**에필로그** - 청소년 제자훈련의 비전을 세우라 • 170

**부록** 청소년 제자훈련 자료실 • 181

좌충우돌 청소년 제자훈련 이야기

Part.1

# 제자훈련의
# 첫 발걸음을 떼다

# chapter: 1
## 첫 만남

    맨 처음 청소년 사역을 시작하게 된 것은 자의가 아닌 타의에 의한 것이었다. 당회에서 고등부 담당 교역자로 임명을 받아 시작한 것이기 때문이다. 그 당시 모든 신학생들은 교육전도사로서 청소년 부서를 섬기는 것을 이후에 부목사가 되고 담임목사가 되기 전에 거쳐 가는 과정 정도로 여겼다. 나 역시 마찬가지였다. 청소년 부서를 맡아 몇 년 하다 보면 목사 안수를 받고, 부목사가 되면 교구를 섬기고, 그 이후에는 청빙이나 개척을 통해 담임목사로 나아가겠지 하고 생각했다. 그렇기 때문에 청소년 사역에 대한 세부적이고 구체적인 마스터플랜도 없었고, 그에 따른 사역의 방법도 몰랐다. 그야말로 나는 청소년 사역을 좌충우돌로 시작했다.

    내가 생각하기에 가장 손쉽게 할 수 있는 일은 청소년 학생들을 만나 이야기하고, 듣고, 먹는 것이었다. 그런데 뜻밖에도 아이들과 만나면서 느낀 것들이 많았다.

첫째, 아이들은 말이 통하는 사람을 원했다. 그들은 자신들과 너무 동떨어져 거룩해 보이기만 하는 사람에게는 쉽게 마음을 열지 않았다. 언제나 말을 걸 수 있고, '아' 하면 '어'로 받아칠 수 있는 사람을 원했다. 그러기에 제일 좋은 것은 학생들과 친구가 되어줄 수 있는 사역자가 되는 것이다. 친구끼리 만나면 재미있고 즐거운 것처럼, 학생들이 교역자와 만나면 일단은 재미가 있어야 한다. 웃음이 넘치고 즐거운 분위기가 되기 위해서는 교역자에게 유머 감각은 필수이다. 그런데 유머감각은 후천적으로 얼마든지 키울 수 있다. 학생들과 '공감' 할 수 있는 소재를 많이 가지고 있으면 된다. 학생들과 일대일이나 2, 3명씩 만나 자주 이야기하면서 듣는 학교생활, 친구들과의 애환, 부모님과의 관계, 절박하게 고민하는 문제 등이 모든 소재가 될 수 있다. 그리고 나서 웃음의 포인트를 정확히 짚어 많은 사람들에게 웃음을 주는 TV 프로그램이나 영화나 연극을 보고 연구하면 얼마든지 가능하다. 웃음은 아이들과 친구가 되어주는 가교 역할을 한다. 아이들과 둘도 없는 친구가 된 다음의 사역은 강한 집중력을 갖게 되고 언젠가 반드시 열매를 맺게 되어 있다.

둘째, 아이들은 새로운 시도를 좋아했다. 대부분의 교회 청소년 주일학교의 새 학기는 1월 첫 주일부터 시작한다. 그리고 몇 주 후에 겨울수련회가 있다. 나는 고등부 담당 교역자로 임명을 받아 처음으로 진행한 겨울수련회에서 지금까지 해보지 않았던 새로운 시도를 했다. 이 시도가 학생들의 호응을 불러일으켰고, 이것을 계기로 새로운 사역에 대한 두려움이 없어졌다.

가장 먼저 했던 시도는 저녁집회를 사경회(查經會)로 한 것이다. 사경회는 성경을 한 절, 한 절 읽으면서 의미를 풀이해 주고, 적용해 주는 것이다. 찬양시간을 제외한 사경회 시간만 140분이었는데, 중간에 20분간의 휴식을 갖고 앞뒤로 60분씩 진행했다. 아이들과 함께 성경을 찬찬히 읽으면서 그 뜻을 풀이해 주고, 나의 경험도 나누고, 적용점도 찾아갔다.

사경회의 본문은 성경에서 길지 않은 '권'을 택하는 것이 좋다. 예를 들어 룻기, 에스라, 느헤미야 등이다. 신약의 서신서도 짧긴 하지만 이야기 구성이 아니어서 어렵다. 본문이 이야기 구성이어야 학생들의 집중력을 높일 수 있다. 그래서 될 수 있는 한 이야기 설교에 적합한 구약을 본문으로 택하면 좋다. 본문을 택하면 시간 계산을 하여 진행할 분량을 미리 꼼꼼하게 준비한다. 그리고 20분 휴식 시간에는 맛있는 간식을 준비해 그야말로 잘 쉴 수 있도록 배려한다. 이렇게 하면 아이들은 전혀 지루하거나 힘들어하지 않고 저녁집회 시간을 보내게 된다.

또 하나의 시도는 마지막 날 집회가 끝난 자정 이후에 모든 학생들을 데리고 산 기도를 올라간 것이었다. 무릎까지 쌓인 눈을 헤치며 산으로 올라가서 3, 4명이 함께 모여 산 기도를 하게 했다. 손전등도 없는 캄캄한 어둠 속에서, 바람이 매섭게 불고 영하로 기온이 뚝 떨어진 추운 날씨 속에서 아이들이 얼마나 잘 견딜까 내심 걱정했지만 그것은 기우에 불과했다. 학생들은 생전 처음 경험한 일이었는데도 정말 진지하고 뜨겁게 기도했다. 아이들은 무려 1시간 동안이나 기도를 계속했고, 산을 내려오면서는 비록 추위에 온몸은 얼었지만 표정만큼은 밝았다. 마지막 날 밤에는 학생과 선생님들 모두가 밤새도록 게임을 하며 놀았다. 어차피 마지막 날이라 잠도 안 올 테니 기도원 예배실에 모여 밤새도록 놀게 한 것이다. 아이들은 열광적으로 그날 밤을 보냈다.

청소년 사역자들에게 있어서 특권은 새로운 것을 많이 해볼 수 있다는 것이다. 새로운 것을 해서 잘되면 잘되는 대로 남는 것이 있고, 안 되어도 분명 남는 것이 있다. 그 남는 것이 사역의 밑거름이 되고 자산이 된다. 할 수만 있으면 새로운 시도를 많이 해야 한다. 이후에도 나는 중간고사가 끝나고 정동진행 기차 한 량을 전세 내어 무박여행을 가기도 하고, 여름에 연천지역에 수해가 났을 때는 아이들을 동원해서 선의의 봉사 활동을 펼치기도 했다. 이런 새로운 시도들은 청소년들의 마음의 문을 돌파하고 그 마음속에 내가 자리 잡게 된 결정적인 계기가 되었으며, 나 또한 조금씩 청소년 사역의 매력을 느끼게 되었다.

셋째, 아이들은 자신의 삶의 정황을 꿰뚫고 지나가는 복음의 진수에 메말라 있었다. 첫 사역을 통해 만났던 학생들에게 강조한 말씀은 "하나님이 하신다"라는 것이었다. 하나님의 하나님 되심, 즉 하나님의 주권을 많이 강조했다. 그 이유는 만나는 학생들마다 자기 인생의 모든 결정권이 자신들 스스로에게 있다고 생각하는 경향이 너무나 지배적이었기 때문이다. 그 생각에 사로잡혀 있는 학생들의 공통점은 걱정과 근심과 염려가 많다는 것이다. 그도 그럴 것이 자신의 운명을 쥐고 살아가는 주체가 자신이기에 닥치는 모든 문제를 해결해야 하고, 판단해야 하고, 결정해야 되니 얼마나 어렵겠는가. 그래서 하나님의 주권을 강력하게 선포하고 나아가게 된 것이다.

나는 학생들에게 말했다.

"우리 인생의 결정권은 하나님께 있습니다. 하나님이 내 인생을 주도적으로 이끌고 나아가시기 때문에 앞으로 펼쳐질 인생에 대해 너무 두려워하지 않아도 됩니다. 내 앞에 닥쳐오는 좋은 것도, 나쁜 것도 결국 하나님이 하신 것이고, 그분이 하신 이상 모든 것을 합력하셔서 나를 향한 뜻을 펼쳐나가실 것입니다. 그 뜻은 반드시 나를 통해 이루어질 것이기에 오늘 하루 나에게 주어진 일을 잘 감당하며 감사합시다."

이 외침이 학생들을 자유하게 만들었다.

chapter: 2

# 갈증이 해소되지 않았던 사역

청소년 초보 사역자인 나는 학생들의 필요를 찾아 채우기 위해 동분서주했다. 그야말로 청소년들의 필요를 채우는 사역이었다. 교회는 물론, 그들이 있는 곳은 어디든 찾아갔다. 학생들과 함께 있을 때 가장 행복했고, 함께 울고 웃으면서 보냈다. 그런데 열정을 가지고 사역을 하지만 학년이 바뀌는 연말이 되면 뭔가 채워지지 않는 허전함이 생겼다. 그 허전함은 아이들을 위해 최선을 다하지 못해서 오는 것도 아니었고, 진급해서 부서를 떠나는 학생들의 그리움 때문에 생기는 것도 아니었다. 뭔가 열심히 해왔지만 남는 것이 없다는 허전함이었다. 이를 채우기 위해 정말 더 열심히 뛰었지만 그럼에도 불구하고 그 마음은 채워지지 않았다.

청소년을 섬기는 사역자들은 공감할 것이다. 사역을 모자람이나 부족함 있게 하는 교역자는 없다. 정말 자신이 가지고 있는 영적, 정신적, 물질적 자원을 최대한으로 활용하여 최선을 다해 사역을 한다. 교역자든 교사든 자신을 헌신하는 데 주저하지 않는다. 그럼에도 불구하고 왜 허전함이 남는 것일까. 반복적으로 계속되는 사역의 갈증을 해소시키고자 대학원에서 기독교교육을 공부하기도 했지만 학업 속에서도 확실한 답을 찾지 못했다. 실제로, 그 허전함의 정체조차 파악이 안 되니 더 답답할 수밖에 없었다.

그러던 중 2000년 12월에 사랑의교회 청소년사역자로 부임하게 되었다. 처음 만난 청소년들의 모습은 무반응, 무감각, 무표정이었다. 나는 이를 '3무(無)'라고 일컬었다. 3무의 학생들은 성품은 온순하고 착한데, 신앙생활이 수동적인 경우가 많았다. 자발성이 없는, 부모님에 의한 피동적인 신앙생활이 사랑의교회 청소년들의 많은 부분을 차지하고 있었다. 그러한 아이들을 보면서 분발하지 않을 수 없었다. 그들을 깨우기 위해, 그리고 3무에서 '3유(有)'로 만들기 위해 여러 방법들을 동원하며 열정적으로 뛰어다녔다. 학생들을 만나기 위해 일주일마다 10여 곳이 넘는 학교를 돌아다녔으며, 청주에서 사랑의교회로 나오는 단 한 명의 학생을 위해 청주까지 내려가기도 했다.

하지만 이런 분주함 속에서도 여전히 마음 깊은 곳에 있는 사역의 허전함은 채워지지 않았다. 그럴 즈음에 사랑의교회에 부임한 교역자라면 누구나 꼭 수료해야 하는 제자훈련지도자세미나(이하 CAL세미나)에 참석하라는 통지를 받게 되었다. 처음에는 일주일 동안 사역을 멈추고 세미나에 참석해야 한다는 말이 이해가 되지 않았다. 그때까지만 해도 사역보다 더 중요한 것은 없다고 믿었기 때문이다. 그리고 아이들과 선생님들을 두고 세미나에 간다는 것이 어색하기만 했다. 하지만 강의가 진행될수록 내 생각 속에서는 지금까지와는 전혀 다른 혁명적인 인식의 변화가 일어나기 시작했다.

chapter: 3

# 진정한 사역에 눈을 뜨다

CAL세미나는 평신도를 깨워 동역자로 삼는 사역이야말로 사역의 본질이요, 핵심임을 확신하게 하는 계기가 되었다. CAL세미나를 통해 받은 영적 충격은 두 가지였다. 그 충격은 아직까지도 내 머리와 가슴에 남아 사역의 원천적인 힘을 제공하고 있다.

첫 번째 충격은 교회의 본질에 대한 깨달음이었다. 지금까지 배워왔던 교회의 본질은 거룩성, 통일성, 보편성, 이렇게 세 가지였다. 교회의 거룩성은 세상과 구별되어 성령이 내주하시는 성전으로 설명할 수 있다. 또한 교회의 머리가 오직 예수 그리스도이기에 통일성을 가지고 있는 것이며, 교회가 시대와 민족과 국경을 초월하여 하나라는 점에서 보편성을 가지고 있다.

이렇게 세 가지의 본질만을 알고 있는 우리에게 옥한흠 목사님은 한

스 큉의 "교회론"을 근거로 교회의 제 4의 속성으로서 사도성을 말씀하셨다. 에베소서 2장 20절에서 "너희는 사도들과 선지자들의 터 위에 세우심을 입은 자라 그리스도 예수께서 친히 모퉁잇돌이 되셨느니라"고 했다. 교회는 사도들의 증거와 사역 위에 세워졌다. 그러기에 교회가 사도적이라는 것은 사도성을 본질로 하고 있다는 의미이다. 사도성이 없으면 교회의 다른 세 가지 본질들마저 그 의미를 잃어버리게 된다. 교회가 사도들이 증거한 복음의 터 위에 세워지지 않았다면 하나님의 교회라고 할 수 없는 것이다. 교회가 교회 되기 위해서는 사도성이라는 본질이 있어야 한다.

또한 교회가 사도성을 본질로 하고 있다면 교회는 반드시 사도들의 교훈과 사역을 계승해야 한다. 사도직은 반복될 수 없다. 하지만 지금까지도 남아 있는 사도의 교훈과 사역은 성직자나 평신도를 가릴 것 없이, 남녀노소를 막론하고 모든 성도가 계승해야 하는 것이다. 사도들의 교훈을 계승한다는 것은 신약성경을 통해 전해진 사도들의 살아 있는 증거를 그대로 받아들이고, 그 신앙과 고백을 따르는 것이다. 그리고 사도들의 사역을 계승한다는 것은 사도들이 주님으로부터 받은 명령, 즉 선교적 소명을 그대로 이어받아 순종하는 것을 말한다. 그 선교적 소명은 특정한 소수의 그룹에만 해당되는 것이 아닌, 전 교회에 소속된 성도들이 세상으로 보냄받은 사도의 계승자로서 부여받은 것이다. 사도성이 결여된 교회는 교회로서의 존재 가치가 없다고 볼 수 있다. 이것은 그대로 청소년 사역에도 적용된다. 교사 한 사람, 한 사람이 사도성을 계승하여 그들이 청소년들을 붙들 수 있다면 이것이야말로 교회의 본질에 가장 근접한 사역이 되는 것이다.

강의를 들으면서 나는 교회론에 대한 진지한 생각 없이 사역에 임했던 지난날들이 부끄럽게 느껴졌다. '교회란 무엇인가?'에 대한 근본적인 질문도 없이 내 뜻과 내 생각과 내 경험을 금과옥조처럼 여기며 사역했던 것이 얼마나 낯이 뜨거웠는지 모른다. 그리고 다시 한 번 사역을 돌아보며 거듭나는 시간을 가졌다. 사역의 핵심 가운데서도 사도성은 놓쳐서는 안 되는 것으로 교회가 하나님의 교회가 되게 하는 본질 중의 본질이다. 이렇게 교회의 본질을 붙들고 사역하는 데 눈을 뜨게 되면서 이 사도성을 사역에 어떻게 적용해야 할지 고민하게 되었다.

두 번째 충격은 교회의 본질을 붙들고 하는 사역의 적용이 바로 제자훈련이라는 것이다. 지금까지 교회 사역은 대체로 예배와 심방으로 진행되었다. 그러나 성도들이 예수님의 사도들의 교훈과 사역을 계승하여 삶 속에서 제자로 살아가기 위해서는 예배나 심방만으로는 안 된다. 목사의 설교를 통해서는 사람의 생각과 마음 정도만 변화될 뿐 그의 삶 깊숙한 곳까지는 바뀌지 않는다. 그리고 1년에 한두 차례 갖는 심방을 통해서도 성도들의 삶은 변화되기 어렵다. 교회마다 많은 설교가 선포되고, 그렇게 많은 시간을 들여 심방을 하는데도 불구하고, 기독교인들의 현실적인 삶의 모습은 성경과는 다른 방향으로 가는 것을 많이 보게 된다.

그래서 사도성을 계승해 나가고 교회가 올바른 정체성을 가지기 위해서는 강력한 성령의 기름부음이 넘치는 훈련이 필요하다. 훈련을 통해 한 사람의 인격과 성품이 변화되고, 삶이 새롭게 자리 잡아야 하는 것이다. 예수님처럼 되고, 예수님처럼 살다가, 예수님을 위해 목숨을 기꺼이 내어놓을 경지에까지 이르러야 한다. 그렇게 예수님의 제자로 한 사람, 한 사람을 최선을 다해 세우는 것이 교회의 본질에 가장 근접한 사역이다. 그런 의미에서 제자훈련이야말로 사역을 사역되게 하는 본질이다.

그동안 청소년 사역을 해오면서 답답했던 갈증이 일순간에 풀리는 느낌이 들면서, 사역의 방향을 교사 훈련으로 맞추게 되었다. 선생님들을 깨워야 학생들도 깨어날 수 있지 않겠는가 하는 생각에서였다. 교사들의 삶의 변화가 분명 아이들의 변화로 이어질 수 있다는 확신이 들었다. 실제로 교사들 가운데 타성에 젖어 있거나 헌신도가 떨어지는 분들이 많으며, 삶에서 본이 안 되는 분들도 있다. 그러기에 교사를 붙들고 씨름하는 것이 학생들을 변화로 이끄는 첩경이라고 생각했다. 교사들이 훈련을 받아 제대로 헌신해 준다면 학생들은 저절로 따라오게 되어 있었다.

chapter: 4

# 교사 제자훈련을 시작하다

'변화하지 않는 교사는 망할 수밖에 없다'는 슬로건을 내걸고 교사 모임 때마다 교사 제자훈련의 중요성을 강조했다. "훈련을 통해 선생님들의 삶이 먼저 바뀌어야 학생들도 선생님처럼 변화될 수 있다. 한 명의 훈련받은 교사가 수많은 청소년들을 주님 앞으로 돌아오게 할 것이다"라고 말씀드리며 선생님들이 호응해 주기를 기대했다. 그리고 나서 대대적인 교사 제자훈련 모집 광고를 시작했다. 그리고 제자훈련을 받은 교사는 훈련이 끝이 아니라 또 다른 선생님들을 훈련시키는 교사가 되어야 하며, 의무적으로 3년 동안은 교사로 봉사해야 한다는 것도 명시했다.

제자훈련 커리큘럼은 상반기에는 주로 교사로서 신앙생활하는 데 기초가 되는 말씀과 기도를 중심으로 구성했고, 하반기에는 학생들을 어떻게 섬겨야 하는지에 대한 실제적인 부분을 중심으로 작성했다.

물론, 교사들에게는 많이 버겁고 어려운 시간이 되겠지만 그 이후 거듭난 사역자로 변화된 자신을 그려보며 도전해 보자고 권면했다. 그 결과 여러 명의 선생님들이 지원하게 되었다.

며칠 후 첫 번째 모임 시간이 다가왔다. 그런데 지원한 선생님들이 한두 명씩 개인적인 사정으로 참석하지 못하면서 결국 단 한 명의 선생님만 나오게 되었다. 그 선생님과 나만 덩그러니 책상에 앉아 있었다. 하지만 교사 제자훈련을 이런 식으로 포기할 수는 없었다. 200여 명의 선생님들 가운데 한 명의 선생님을 허락해 주신 것만으로도 감사하며 열심히 해보자는 마음을 가졌다. 하나님의 일은 숫자가 중요하지 않고, 단 한 명이라도 헌신된 사람이 있으면 된다는 믿음의 각오가 불끈 솟아났다. 그래서 결국 그 한 명의 선생님과 일대일 제자훈련을 시작했다.

한 명의 교사의 헌신으로 인해 또 다른 교사들이 훈련을 받고 헌신하게 되고, 청소년들이 변화되어 하나님의 사람으로 세움받을 수 있다면 이보다 귀한 일이 또 어디 있겠는가 하는 마음으로 날마다 훈련을 이어나갔다. 일대일로 훈련을 받는 선생님은 하루가 다르게 삶의 모습이 바뀌어갔다. 훈련은 직장생활의 스트레스를 이기는 큰 힘이 되었고, 함께 은혜를 나누는 시간들로 채워져갔다. 그렇게 한 달이 지났고, 오직 하나님의 은혜로 상반기 종강을 맞았다. 종강하는 그날, 나는 앞으로 훈련받은 한 명의 선생님으로 인해 하나님이 하실 일을 기대하며 잔뜩 가슴이 부풀어 있었다. 그런데 청천벽력 같은 일이 일어났다. 제자훈련을 마친 선생님이 갑자기 영국으로 유학을 가게 된 것이다. 그분을 시작으로 교사 제자훈련의 지경을 넓히려 했던 내 계획은 한순간에 물거품이 되어 사라졌다. 나는 또다시 시작해야 했다. 앞으로의 계획도 다시 세우고, 교사 제자훈련도 재점검해야 하는 상황에 이르게 된 것이다.

chapter: 5

# 실패의 쓴 잔을 '광인론'이 삼켜버리다

나는 뜻하지 않은 일로 첫 계획을 실패하고 나서 한 동안 방황을 했다. 다시 시작하는 것이 두려웠고, 교사 제자훈련을 제대로 지탱해 나갈 수 있을지에 대한 의문도 생겼다. 이런 사역에 대한 목표 상실과 방황이 계속되던 때에 수양관에서 열린 CAL 세미나에 참석하게 되었다. 그곳에서 다른 교역자분들과 함께 특송을 하면서 나는 마음의 치유를 받았고, 다시금 용기를 얻게 되었다. 이 세미나를 통해서 나는 한 사람 철학에 대한 비전을 가졌고, 사역에 대한 분명한 방향을 잡을 수 있었다.

첫날 강의는 옥한흠 목사님의 '광인론'이었다. 그 강의는 내 영혼의 울림이 되었으며, 평생에 잊을 수 없는 강의가 되었다. 내 심장의 박동을 요동치게 하고 마음을 두드렸던 내용은 옥 목사님이 예로 드신 한 토막의 일화였다.

옥한흠 목사님이 서울신학대학원에서 제자훈련 강의를 마칠 무렵 어느 목회자가 이런 질문을 던졌다. "삶의 시간적, 물질적 여유가 있는 지역에서는 제자훈련이 가능하겠지만, 매일 새벽같이 나가서 밤늦게 돌아오지 않으면 생활이 안 되는 달동네 교회에서 제자훈련이라는 것이 가능하겠습니까?" 그 질문에 대한 답을 얻기 위해 옥 목사님은 잠시 기도를 하고, 성령께서 주시는 지혜로 그 목회자에게 이렇게 물었다. "만일 그 달동네에서 제가 목회를 한다면 과연 제자훈련을 했을까요?" 질문을 받은 목회자는 "옥 목사님이라면 하셨겠지요"라며 빙그레 웃었다고 한다.

제자훈련은 훈련받을 대상의 상황과 여건에 따라 할 수 있고, 없고가 결정되는 것이 아니라 목회자가 확고부동한 제자훈련에 대한 목회 철학만 갖고 있으면 할 수 있음을 말해 주는 이야기였다. 목회자의 목회철학이 제자훈련을 이끄는 가장 큰 원동력이 되는 것이다. 이 짧은 내용의 일화가 고정관념의 틀에 갇혀 있던 내 생각을 송두리째 뒤집어버렸다. 참으로 놀라운 것은 그 이야기를 전에도 들은 적이 있었다는 사실이다. 하지만 그때는 별 감흥 없이 듣고 흘려버렸는데, 이번에는 나에게 다른 의미로 다가왔고, 내 안에 혁명을 일으켰다. 아마도 하나님이 강하게 역사하셔서 내 눈과 귀를 번쩍 뜨이게 해주신 게 아닐까 싶다.

이날 이후로 나는 생각과 사고가 한 차원 높은 완전히 다른 패러다임의 세계로 빨려 들어가는 것 같았다. 그동안 그렇게 찾고자 했던 청소년 사역의 본질을 붙들게 된 결정적인 계기가 되었다. 생존의 문제로 씨름하는 달동네 교회에서도 목회자가 분명한 소신을 갖고 있으면 제자훈련을 할 수 있듯이, 매일 학업과 입시로 스트레스를 받으며 시간에 쫓기듯 살아가는 청소년들에게 제자훈련을 하는 것도 불가능한 일은 아니라는 확신이 생겼다. 지금껏 청소년들은 가르침의 대상이고, 섬김을 받아야 하는 대상으로 여겨져 온실 속의 화초처럼 자라왔다. 특히 사랑의교회 청소년들은 소위 강남 8학군이라 불리는 명문학교에 다니는 학생들이 절반을 훨씬 넘었다. 그래서 평일은 물론, 주일에도 학원과 과외 때문에 교회에 오지 못하는 경우가 태반이었다. 그런 학생들에게 제자훈련을 하자는 말을 꺼내는 것은 무리였고, 학생들 또한 제자훈련의 필요성을 전혀 느끼지 못했다. 제자훈련을 한다 해도 그것은 그야말로 구색을 맞추기 위한 것으로, 유명무실한 프로그램의 하나일 뿐이었다. 청소년 부서의 대체적인 분위기는 학생들의 교회 활동 참여는 대학 입학 이후로 미루는 것이 통념이었고, 주일예배만이라도 잘 나와주기를 바라는 것이 선생님과 교역자들의 생각이었다. 그들을 위한 신앙교육은 제한적일 수밖에 없었고, 제한적인 범위에서 하는 교육은 학생들에게 큰 영향력을 주지 못했다. 실제로 지금까지 청소년들을 위한 교육은 주일예배와 공과공부 그리고 방학 중에 진행되는 수련회가 전부였다.

　문제는 이것만으로 교회의 본질인 사도성이 학생들에게 계승되지 않는다는 것이었다. 학생들은 구원받은 성도인데도 불구하고 입시라는 거대한 흐름에 갇혀 예수처럼 살기 원하는 신앙인으로 만드는 훈련에서는 예외가 되어버렸다. 청소년들에게 말씀을 듣게 하는 것만으로는 삶의 진정한 변화가 일어나지 않는다. 청소년들에게도 사도들의 사역이 계승되어야 한다. 학생 한 명, 한 명마다 사도들의 사역을 부여잡고 교회를 섬기는 기회가 제공되어야 진정한 청소년 사역이라고 할 수 있다. 이 일을 이루기 위해서는 먼저 사역자의 희생과 헌신이 필요하며, 제자훈련 철학에 입각하여 그에 맞는 목적과 목표, 전략을 세우고 진행해 나가야 한다.

'광인론(狂人論)'을 통해 나는 제자훈련의 진정한 대상이 청소년들 자신임을 깨닫게 되었고, 청소년들에게 미치는 '광인'이 되어보자는 굳은 결심을 하게 되었다. 학생들을 가르침의 대상에서 동역의 대상으로 삼아 인격과 삶을 변화시키는 훈련을 하며, 그들에게 한 영혼에 대한 뜨거운 비전을 심어주고, 한 영혼, 한 영혼을 말씀으로 섬기는 사역에 동참시킬 수 있다면 그야말로 청소년 사역의 새로운 장이 열리는 것이다. 이렇게 청소년을 깨워 동역자로 삼는 사역을 펼칠 수만 있다면 인생 전부를 걸어도 아깝지 않을 것이다.

강의가 끝나고도 자리를 뜰 수 없었다. 수양관 본당에 걸린 '평신도를 깨운다' 라는 대형 현수막의 글자가 눈물에 가려져 '청소년을 깨운다' 라는 글자로 보였다. 그 순간 나는 벅찬 감격으로 하나님 앞에 깊은 기도를 올렸다.

chapter: 6

# 청소년 제자훈련을 시작하다

본격적으로 진행되는 청소년 제자훈련은 차분하고 조심스럽게 시작했다. 훈련생을 모집하기 전에 먼저 제자반을 담당할 선생님들을 모았다. 교역자가 가진 비전을 거리낌 없이 함께 공유할 수 있고, 마음과 뜻을 서로 모을 수 있는 교사들에게 직접 연락을 했다. 그래서 평소 청소년 제자훈련에 관심이 많고, 헌신할 마음이 있는 선생님들을 중심으로 모임이 결성되었다.

선생님들과 가장 먼저 한 것은 비전을 나누는 것이었다. 지금까지의 고등부 제자훈련에 대해서 평가하는 시간도 가졌다. 젊은 남자가 군대에 입대하게 되면 반드시 훈련을 받는다. 군사 훈련을 받는 가장 큰 이유는 훈련 이후 각 부대에 배치를 받아 한 사람의 대한민국 국군으로서의 몫을 다할 수 있도록 하는 데 있다. 신체상 아무런 하자가 없음에도 불구하고 훈련만 마치고 제대하는 경우는 없다. 그런데 지금까지 실시했던 청소년 제자훈련은 훈련을 마치면 그것으로 끝이었다. 그 이후가 없었다. 제자훈련이 진정한 훈련으로 자리 잡기 위해서는 훈련받은 학생들이 사역을 감당할 수 있는 장(場)을 열어주어야 한다.

제자훈련의 방향은 훈련 이후 학생들이 섬김과 사역의 장으로 뻗어 나갈 수 있도록 돕는 것으로 잡았다. 이를 위해 훈련을 두 개의 과정으로 나누었다. 하나는 여름방학을 이용해 제자훈련을 하는 것이고, 또 하나는 제자훈련을 수료한 학생들 중에 선발하여 겨울방학 중에 리더훈련을 하는 것이었다. 제자훈련은 학생들의 인격과 성품의 변화에 초점을 맞추기로 했다. 자신의 성품이 예수님처럼 온전해지고자 치열하게 노력할 수 있도록 돕는 것이다. 그리고 이후에 리더훈련을 통해서는 섬기는 리더십을 체득하여 예수님처럼 한 영혼을 섬기는 사역을 하게 하는 것이다.

이러한 제자훈련의 큰 방향과 비전을 공유한 우리는 제자훈련의 교재와 과정을 제자훈련의 목적에 맞게 수정 보완하는 작업에 들어갔다. 청소년 제자훈련의 목적은 기독 학생의 인격이 예수님을 닮도록 하여, 예수님의 사역을 계승하는 소명자로 만드는 것이다. 이 목적에 맞게 옥한흠 목사님이 펴내신 제자훈련 교재를 중심으로 작업을 했다.

교재가 완성되자 그 다음에는 각 과에 맞는 과제물과, 청소년들의 제자훈련인 것을 감안해서 활동(activity)도 새로 넣었고, 제자반 1박 2일 수련회도 실시하기로 했다. 과제물은 교재예습, 성경암송, 큐티, 독서물, 생활과제물, 성경읽기, 설교요약, 기도 등으로 정했다. 그리고 훈련 기간도 바꾸었다. 기존에는 5월부터 시작해서 8월까지 했었는데, 중간고사와 기말고사 기간과 맞물려 훈련의 흐름이 끊어지기가 일쑤였다. 그래서 방학부터 시작해서 9월초까지 10주 동안 집중적으로 하기로 했다. 시간은 매주 토요일 오후 2-5시까지 3시간 동안 하는 것을 기본으로 했다. 교사 한 명당 훈련생이 5명이 넘지 않도록 배정하여 집중적이면서도 깊이 있는 대화를 나눌 수 있도록 했다.

그러나 만약 제자훈련을 받는 학생들이 20명 이내라면 교역자가 직접 훈련을 진행하는 것이 좋다. 그 학생들을 10명 내외로 편성하여 2개 또는 3개 반으로 나누어 교역자가 진행하는 것이다. 그들은 결국 교역자와 동역하는 존재로 세워져야 하기에 교역자가 직접 훈련하면 제자훈련부터 교역자의 목회철학을 습득하고, 훈련 기간 동안 교역자의 관심의 범위에서 벗어나지 않는다는 장점이 있다.

하지만 훈련생이 20명 이상일 경우에는 교사들의 도움을 받아야 한다. 그럴 경우에는 제자반을 담당할 선생님들과 몇 차례에 걸쳐 워크숍을 가진다. 워크숍에서 가장 중요한 것은 교역자의 청소년 제자훈련에 대한 철학을 공유하는 것이며, 교사들에게 실제로 훈련을 어떻게 진행할지에 대한 구체적인 기본기를 알려주는 것이다. 나는 교사들과 제자훈련 철학을 공유하기 위해서 그들을 이끌고 CAL세미나 현장으로 가 직접 옥한흠 목사님의 강의를 듣게 했다. 내 안에서 끓어오르는 열정을 알게 하고 그들과 합심일체가 되기를 원했기 때문이다.

제자훈련의 진행과 관련된 기본기는 두 가지가 있다.

첫째로, 교사들이 제자훈련에 직접 참여하게 하고, 실습하도록 해

주는 워크숍을 하는 것이다. 교사들 스스로가 훈련생이 되어 직접 교재와 과제물을 준비해 와서 담당 교역자에게 제자훈련을 받는 것이다. 이렇게 하면 제자훈련을 경험한 교사는 교역자가 진행하는 훈련에 참여하여 자신의 것과 비교하면서 좋은 것은 취하고 수정할 것은 보완할 수 있어서 좋다. 제자훈련의 경험이 전무한 이는 '백문(百聞)이 불여일행(不如一行)'이라는 말대로 직접 보고 경험하며 많은 것을 배우게 된다. 그리고 교사 몇 명을 지정하여 그 교사가 제자훈련을 진행하는 실습을 행한다. 다른 교사와 교역자가 훈련생이 되어 그 교사에게 제자훈련을 받는 것이다. 그렇게 하면 직접 진행하는 교사는 훨씬 더 많은 것을 배우게 된다. 그리고 서로 피드백을 해주면 풍성한 경험들이 축적된다. 가장 이상적인 것은 훈련 교재의 각 과를 선생님들과 워크숍을 하는 것이다. 하지만 여건이 안 되면 몇 개 과를 선정해서 시작하기 전과 제자반을 진행하는 중에 꼭 하도록 한다. 3시간의 훈련 시간은 다음과 같이 진행한다.

1. 지난주의 삶을 나눈다. 한 주간 어떻게 지냈는지를 이야기하며 처음 만나 어색한 분위기를 풀 수 있도록 한다. (15분)
2. 찬양과 기도 시간을 갖는다. 찬양은 가급적 주제와 맞는 것으로 하고, 찬양 후에는 기도제목을 주어서 합심으로 기도 한다. 기도제목은 교회에 관한 것과 제자훈련을 위한 것으로 준비한다. (25분)
3. 과제물을 점검한다. 암송, 큐티, 독서물 등을 몇 명의 훈련생을 시켜 발표하게 하고 함께 은혜를 나눈다. 암송하면서 얻은 은혜와 깨달은 것들

을 나눌 수도 있고, 큐티한 본문을 놓고 내용 이해와 적용점들을 나눌 수도 있다. (15분)

4. 교재를 다룬다. 교재를 진행함에 있어서 명심해야 할 점이 있다. 제자훈련은 성경공부 시간이 아니라는 것이다. 물론 성경을 공부하는 시간도 있지만 그것은 빙산의 일각에 지나지 않는다. 중요한 것은 말씀 앞에서 나 자신을 내려놓고 삶을 나누는 것이다. 자신의 삶을 진솔하게 나누게 되면 마음의 문이 열리고, 그 열려진 마음으로 하나님의 은혜가 임하며, 그 은혜가 인격과 삶을 변화시키는 동인(動因)이 된다. 그렇기 때문에 제자훈련은 가르치는 것이 아닌 지도자나 훈련생 모두가 같은 입장에서 서로가 발견한 은혜를 나누며 체험하는 시간이 되는 것이다. 나눔이 서로의 기도제목이 되어 깊이 있는 기도의 경지에까지 이를 수 있어야 한다. 이때 제자반을 담당하는 인도자는 말을 많이 하면 안 된다. 질문이라는 유용한 도구를 가지고 이끌어가야 한다. 모든 훈련생들이 마음을 열고 말씀에 집중하며 각자가 깨달은 은혜와 변화의 감격을 함께 나눌 수 있는 질문이면 좋다. 이런 질문으로 모든 훈련생들이 자신이 발견한 말씀과 그 말씀에 비추어진 삶을 말하도록 하는 데 주안점을 두어야 한다. 이런 훈련 방법을 귀납법적 방법이라고 한다. (100분)

5. 요약 정리 및 결단의 기도를 한다. 처음이 중요하듯이 마지막도 중요하다. 오늘 다룬 주제와 관련하여 학생들에게 정리를 해주고, 느꼈던 것을 가지고 기도제목을 삼아 간절히 기도하며 마무리한다. (25분)

둘째로, 청소년 제자훈련의 기본기는 훈련 시간뿐만 아니라 그 외의 시간도 중요하다는 것이다. 학생들을 한 명씩 찾아가 일대일로 만나서 이야기를 들어주고 격려하고 기도해 주는 시간을 꼭 가져야 한다. 이렇게 해야 학생들의 마음이 열리고, 하나님의 임재하심을 느끼며, 그 안에 감격과 감동이 넘치는 변화를 경험하게 되는 것이다. 만날 때는 가급적이면 훈련생의 가정에서 만나는 것이 좋다. 부모님도 만나보고 학생의 가정 형편도 살펴보게 되면서 그 학생에 대해 전반적으로 이해할 수 있는 기회를 얻게 된다. 이런 정성어린 만남은 학생들에게도 영향을 미쳐서 결국 학생들이 또 다른 영혼을 섬기게 될 때 실천할 수 있게 된다. 역시 학생들의 기억과 마음속에는 교사의 말보다 행함과 실천이 더 많이 남는 법이다.

이렇게 제자반을 섬기게 될 선생님이 확보된 다음에는 학생들에게 제자훈련에 대한 비전을 심어주어야 한다. 현재 한국 교회의 도덕적 상황에 대해 먼저 진솔하게 말해 주고 제자훈련의 필요성을 강조하는 것이다.

세계의 기독교인들이 한국 교회를 보면서 두 가지에 놀란다고 한다. 하나는 선교 120여 년 만에 전 국민의 25%에 이르는 사람들이 기독교인이 되었다는 것이다. 세계에서 가장 짧은 기간 안에 이토록 많은 사람들이 기독교인이 되었다는 것은 그 유래를 찾을 수가 없다고 하니 놀랄 만도 하다. 이웃나라인 일본만 하더라도 복음이 전래된 지가 450여 년 지났지만 아직 기독교인이 전 국민의 1%도 안 된다.

실제로 출석 성도 수로만 세계 10위권 안에 들어가는 교회가 몇 개나 된다는 한국 교회는 양적으로는 엄청난 성장을 했다. 하지만 도덕성과 투명성 면에서는 반대의 결과를 보였다. 국제투명성기구에서 조사한 한국의 부패지수가 OECD 국가 중에서 최하위권이라는 것이다. 기독교인이 그렇게 많은데도 불구하고 부패지수가 높은 나라는 우리나라밖에 없을 것이다. 세계 기독교인들이 두 번째로 놀랄만하다. 이것은 결국 기독교인이 기독교적 가치관에 입각한 도덕적인 역량을 발휘하지 못한다는 말이며, 세상의 빛과 소금의 역할을 제대로 감당하지 못하는 유명무실한 기독교인이 생각보다 많다는 것이다. 이제는 교회가 세상을 걱정하는 것이 아니라 세상이 교회를 걱정한다는 이야기까지 나오고 있다.

주님은 자신의 뜻을 이 땅에 펼치실 때 교회를 통해서 하신다. 그러기에 교회는 주님의 지체로서 손과 발의 역할을 제대로 감당하기 위해 건강해야 한다. 하지만 지금의 한국 교회는 병들어 있다. 그 병의 증세가 너무나도 심각하다. 이런 상태로는 주님의 거룩한 뜻을 이 땅에 펼칠 수가 없다. 이제 우리는 교회의 영광을 회복해야 한다. 주님이 마음껏 교회를 통해 일하실 수 있도록 병들어 있는 교회를 고쳐야 한다. 그러기 위해서는 한 사람, 한 사람이 예수 그리스도의 작은 제자가 되어 주님의 뜻이 이 땅에 펼쳐지도록 자신을 드려야 한다. 그 첫걸음이 바로 제자훈련이다. 훈련을 통해서 주님의 제자로 거듭난 한 사람, 한 사람의 헌신이 교회의 영광을 되찾을 것이고, 건강한 교회로 만들 것이다.

이렇게 교회의 현주소를 학생들에게 이야기해 주면서 제자훈련에 대한 동기 부여를 하고 구체적인 비전도 제시해 준다. 예수님처럼 되고, 예수님처럼 사역하다가, 예수님을 위해 죽을 각오까지 하는 것이 이 땅에서 살아가는 가장 큰 의미이자 보람임을 역설하는 것이다. 그래서 모든 훈련을 마치고 나서는 예수님처럼 한 영혼을 위해 사역하게 될 것이고, 그럴 때 하나님의 강력한 은혜가 임하여 신앙과 학업이라는 두 마리 토끼를 잡을 수 있다고 강조한다.

Part. 2

# 청소년 제자훈련의 알파에서 오메가까지

chapter: 7

# 제자훈련생 모집과 선발이 훈련의 성패를 좌우한다

제자훈련 이후에 사역의 장을 염두하고 제자훈련생을 모집하다 보니 이전까지 모집한 고2 학생들을 모집대상에서 제외할 수밖에 없었다. 고2 학생이 훈련을 받은 후에는 고3으로 진급하기 때문에 사역의 연장이 어렵게 되기 때문이다. 이런 이유로 고1 학생들에게만 제자훈련을 시행하게 되었다. 대신 1년에 두 번, 즉 여름방학과 겨울방학에 한 번씩 제자훈련을 실시하면서 고2 학생들도 원하면 제자훈련을 받을 수 있게 했다.

제자훈련의 실전 경험이 부족했던 초창기에는 제자훈련에 지원한 고1 학생들이 40여 명 정도 됐다. 그런데 2년이 지나자 제자훈련 지원자가 폭발적으로 늘어 100여 명의 학생들이 지원하게 되었다. 예상을 뒤엎고 많은 인원이 지원하여 제자반 교사를 추가로 모집하지 않으면 안 될 상황이 벌어졌다. 매주 토요일 오후 3시간 동안 30여 명의 제자반 선생님들이 100여 명의 학생들과 함께 훈련을 했던 기억은 지금 떠올려도 가슴이 벅차오른다. 그런데 이렇게 많은 학생들을 모두 제자훈련에 참여시키는 것이 좋은 것만은 아니라는 사실을 곧 깨닫게 되었다. 교사들과의 평가 시간에 나온 의견은 훈련받는 학생들의 신앙 수준이 천차만별이라 어디에 기준을 두고 훈련을 시켜야 할지 모르겠다는 것이었다. 특히 결석과 지각을 자주 하거나 과제물을 해오지 않는 불성실함을 보이는 학생들은 다른 학생들에게 부정적인 영향을 미치기도 했다. 더 문제가 큰 학생들은 부모님의 강요에 의해 참여한 학생들이었다. 그런 학생들은 무엇이든 자발적으로 하려는 노력을 보이지 않았고, 시큰둥한 반응을 보였던 것이다. 이는 결국 대규모의 인원을 받는 데에만 급급했지, 아이들의 상태를 보고 분별하지 않았던 잘못에서 비롯된 것이었다.

회의를 통해 우리가 내린 결론은, 제자훈련은 믿음 없는 아이를 믿음 있는 아이로 만들어주는 것이 아니라 믿음 있는 학생을 그 믿음의 역량을 최대한 발휘할 수 있도록 해주는 훈련이라는 것이었다. 그렇기 때문에 아무리 많은 학생들이 제자훈련에 지원했을지라도 모집과 선발과정에서 엄격해야 한다는 원칙을 세우게 되었다. 마치 제자훈련은 사병을 만들기 위한 군사훈련이 아닌 장교를 만들기 위한 훈련 같은 것이었다. 이런 시행착오를 통해 이후부터는 교회에 등록한 지 6개월이 지나고 출석률이 좋고 구원의 확신이 뚜렷하며 책임감과 성실함이 있는 학생을 선발하고 있다.

그리고 반드시 교역자가 철저히 인터뷰를 한다. 그 이유는 교역자와 함께할 동역자가 될지 아닐지에 대한 판단을 교역자 자신에게 맡기는 것이 좋기 때문이다. 인터뷰는 '하나님 앞에서의 각오와 결단'이라는 것을 가지고 한다. 거기에는 지원자의 동기, 영적 상태, 신앙 배경과 현황, 그리고 섬기는 지도자로서의 소명 등 30여 가지의 항목을 적도록 되어 있다. 지원자가 적어온 이 기초 자료를 바탕으로 심도 있는 제자훈련 인터뷰를 실시한다. 인터뷰를 할 때에는 어느 정도 공격적 요소가 들어가는 것이 좋다. 정말 제자훈련을 받을 각오가 되어 있는지를 확인하기 위해서는 약간의 테스트가 필요하기 때문이다. 누구의 강요나 강압이 아닌 자발적인 지원인지, 부모님께 동의는 받았는지도 꼭 확인해야 할 사항이다.

나는 이것 말고도 중점적으로 확인하는 것이 하나 더 있다. 그것은 제자훈련을 하면서 학업을 어떻게 할지에 대한 것이다. 아무래도 제자훈련을 하게 되면 학업에 집중할 수 있는 시간이 줄어드는데 이것을 어떻게 보충할지에 대한 구체적인 답을 요구한다. 이 과정에서 지원자의 성적도 공개하게 만든다. 그리고 제자훈련이 끝난 후에 치르는 시험에서 지금의 성적보다 좋지 않게 나오면 양심적으로 수료를 거부하라고 한다. 훈련과 학업이라는 두 마리 토끼를 잡을 각오를 더욱 다지게 하는 것이다. 이런 인터뷰를 거친 학생들은 오기가 생겨 제자훈련도, 학업도 더 열심을 내게 된다. 다음은 제자훈련 인터뷰에서 사용하는 '하나님 앞에서의 각오와 결단'의 내용이다.

### 하나님 앞에서의 각오와 결단

1. 제자훈련 지원 동기가 무엇입니까? 자세하게 그리고 구체적으로 적어주세요. (                                        )

    1) 제자훈련 신청을 본인이 자원해서 했습니까? (        )

    2) 제자훈련 기간 중에 결석이나 지각할 염려는 없습니까? (        )

    3) 제자훈련을 받을 마음의 각오가 되어 있습니까? (        )

    4) 제자훈련을 받기 위해서 하루에 고정적으로 약 1–2시간 정도의 시간을 낼 수 있습니까? (        )

    5) 본인의 건강 상태는 어떻습니까? (상, 중, 하)
       병이나 약한 부분이 있다면 구체적으로 적어보세요.
       (                                                            )

    6) 제자훈련 동안에는 반드시 의무적으로 고등부의 행사(여름수련회, 청소년 찬양축제, 성경탐험학교 등)에 참석해야 합니다. 참석할 수 있습니까? (        )
       못하는 이유는? (                                        )

2. 영적 상태

    1) 성경을 얼마나 읽었습니까? (구약 /        회, 신약 /        회)
       하루에 몇 장 정도를 읽습니까? (        )
       초등학교나 중학교 시절에 훈련을 받아본 적이 있습니까? (        )

    2) 기도생활을 어떻게 하고 있습니까?
       하루에 보통 어느 정도 규칙적으로 하고 있습니까? (        분/시간)

    3) 현재 큐티(Quiet Time)를 하고 있습니까? (        )

일주일에 몇 번 하고 있습니까? (     번)

4) 가정예배를 드리고 있습니까? (     )

5) 1년 52주 동안 주일예배 참석률은 어떻게 됩니까? (     )

① 90% 이상   ② 80~90%   ③ 70~80%   ④ 60~70%   ⑤ 60% 이하

6) 다음 고등부 신앙 행사에 참석한 적이 있다면 V표 하세요.

① 겨울수련회   ② 섬김 동아리 수련회   ③ 여름수련회   ④ 아웃리치

7) The WAY(청소년 찬양축제)에 참석해 보았습니까? (     )

8) 새벽기도회에 참석해 보았습니까? (     )

9) 헌금(십일조/감사헌금 등)은 정기적으로 하고 있습니까? (     )

## 3. 신앙배경과 현황

1) 구원의 확신이 있습니까? 오늘 밤 이 세상을 떠난다면 천국에 들어갈 확신이 있습니까? (     )

2) 당신이 구원받았다고 말할 수 있는 증거가 무엇입니까? 솔직하게 적어보세요. (                              )

3) 주님을 만난 신앙적인 체험(은혜받은 경험)이 있습니까? 언제, 어디서 입니까? (                              )

4) 신앙생활을 처음 시작한 교회는 어느 교회입니까? (     교회)

5) 우리 교회에 언제부터 나왔습니까? (     년)

6) 초등학교나 중학교 시절에 교회 안에서 어떤 사역 동아리 활동을 했습니까? (     )

7) 교회에 다니지 않는 가족이 있습니까? (     )

아직 교회에 다니지 않는 가족이 있다면 누구인가요? (     )

**4. 섬기는 지도자로서의 소명**

1) 자신의 장점이 무엇이라고 생각합니까? (           )

2) 다른 사람을 섬기는 일을 기쁘게 생각하고 있습니까? (        )

3) 음주와 흡연을 해본 경험이 있습니까? (        )

4) 앞으로의 전공은 무엇을 할 생각입니까? (           )

5) 제자훈련을 받는 것에 대해서 부모님의 동의를 받았습니까?
   (       )

6) 학교에서의 성적은 어느 정도입니까? (상, 중, 하)

7) 제자훈련을 통하여 1개 이상의 섬김 동아리 활동/참여가 필수가 됩니다. 가능합니까? (       )

8) 제자훈련 이후 리더훈련을 받을 생각까지 하고 있습니까? (       )

'하나님 앞에서의 각오와 결단'을 작성하고 인터뷰를 마친 후에는 합격자와 불합격자를 발표했다. 불합격자도 있다는 것을 처음부터 공지하여 각오를 단단히 한 다음 제자훈련에 들어올 수 있게 만들었다. 그렇게 하다 보니 그 다음부터는 100여 명이나 되는 학생들이 한꺼번에 지원하는 일은 없어졌다. 제자훈련에 대한 위상은 높아졌고 합격한 학생은 제자훈련을 받는다는 것에 자긍심을 느끼고 최선을 다하는 자세를 보였다. 또한 불합격자는 불합격에 대한 타당한 이유를 이야기해 주고, 겨울방학 때까지 미달된 부분을 보충해서 다시 한 번 인터뷰에 도전하도록 해주었다.

청소년들이 제자훈련을 받기 위해서는 담임교사들의 역할도 아주 중요해졌다. 학기 초에 하는 반 편성은 담임교사가 작성한 '학생 신앙 활동 평가서'에 의해 이루어진다. 학생들의 신앙은 평가 대상이 될 수 없지만 그 신앙 활동은 충분히 평가 대상이 될 수 있다고 본다.

'학생 신앙 활동 평가서'에는 학생들의 신앙 활동 항목을 정하여 담임교사가 학기 말에 평가서를 작성한다. 구원의 확신 여부, 섬김 동아리 활동 여부, 예배 집중도, 반 모임 참여도, 행사 참여도, 성경읽기, 기도생활, 주일예배 출석률 등에 대해 평가하고, 이를 바탕으로 종합적으로 학생의 신앙 활동을 A등급부터 E등급까지 평가한다. 평가서는 새 학기에 반 편성을 하는 데 기초자료로 활용된다. 각 반에는 A부터 E등급의 신앙 활동을 했던 학생들이 골고루 분포되도록 편성한다. 교사들은 학생을 섬기는 동안 지금의 등급보다 한 등급씩 올라갈 수 있도록 도와주는 역할을 하게 된다. 특히 중요한 것은 중간등급(C등급) 이상 되는 학생들에게 제자훈련에 참여하도록 강력히 권면하는 것이다. 중간등급 이상의 학생들이 현 상태보다 신앙 활동이 나아지게 되는 것은 제자훈련이 최상의 길이기 때문이다.

제자훈련에 지원하는 학생은 반드시 교사 추천서를 받아야만 접수가 가능하도록 했다. 교사 추천서에는 추천 학생의 성격, 은사, 훈련을 통해 변화받아야 할 점, 신앙 활동에 대한 평가 등이 아주 구체적으로 총망라되어 있다. 교사 추천서만 보아도 이 학생이 제자훈련을 감당할 수 있는지 없는지에 대해 판단이 가능할 정도이다.

선발된 학생은 남학생, 여학생을 구분하여 반 편성을 한다. 지금까지의 경험으로 볼 때 남학생, 여학생을 합치는 것보다 구분하는 것이 마음을 열고 훈련받기에 최적화된 상황을 만들어준다는 사실을 알았다. 학생들도 이성이 있을 때보다 동성으로 모여서 훈련받을 때 좀 더 진솔하고 편안함을 느낀다고 한다. 그리고 한 반 인원이 너무 많지 않게 6명 내외로 편성을 하도록 했다. 짧은 기간 동안 진행되는 청소년 제자훈련에서 한정된 시간 안에 더 풍성하고 깊은 이야기를 나누려면 인원이 적을수록 좋았던 것이다. 교사들도 인원이 적어야 더 효과적으로 돌봄과 섬김을 진행할 수 있었다.

chapter: 8

# 개강예배 및 오리엔테이션은 이렇게 하라

제자훈련 첫 시간은 개강예배와 오리엔테이션으로 진행한다. 사랑의교회 청소년부서에서는 개강예배를 주일예배 시간이 아닌 제자훈련 첫 모임 시간에 훈련생들을 대상으로 진행하고 있다. 첫 시간에 다시 한 번 훈련생들의 마음과 뜻을 하나로 모으기 위해서이다.

기대 반, 우려 반으로 나온 훈련생들에게 개강예배에서 강조하는 것이 있다. 하나님이 쓰시는 사람과 세상이 원하는 사람은 다르다는 것이다. 세상은 유능하고, 잘나고, 실력 있는 사람을 찾는다. 1명의 인재가 10만 명, 20만 명을 먹여 살릴 수 있다고 하여 초일류기업의 경영자들은 업무 시간의 절반을 인재를 찾는 데 사용한다. 상위 5%의 인재를 채용하는 것이 그 아래 수준의 10만 명을 채용하는 것보다 낫다고 말한다. 그렇기 때문에 그들은 천재적인 능력의 사람을 찾기 위해 안간힘을 쓴다.

하지만 하나님은 이와는 정반대이시다. 하나님은 작은 자를 통해 천을 이루고, 약한 자를 통해 강국을 이룰 것이라고 말씀하신다(사 60:22 참조). 세상과는 정반대로 하나님은 작은 자와 약한 자를 들어 사용하신다. 사도 바울도 자신의 약함을 자랑한다고 하면서 내가 약한 그때에 하나님의 강함이 드러난다고 하였다(고후 12:10 참조). 성경을 보면 하나님이 선택하신 인물 가운데 약하고 작지 않은 사람이 없었다. 하지만 하나님은 그들을 통해 크고 놀라운 일을 하셨다.

제자훈련을 받는 청소년들은 세상이 볼 때 참으로 약하고 작고 볼품없는 존재들이다. 하지만 하나님은 이런 청소년들을 통해 반드시 큰일을 이루신다. 이들이 세상에 하나님의 선한 영향력을 미치게 할 것이고, 우리 모두가 꿈꾸어왔던 하나님의 나라가 이 땅에 임하게 하는 데 큰 몫을 감당할 것이다. 이처럼 개강예배를 통해서 훈련생들은 용기와 희망을 얻는다. 또한 자신의 약함을 통해 드러나는 하나님의 능력을 체험하기를 바라게 된다.

개강예배가 끝난 후에는 반별로 흩어져서 오리엔테이션을 진행하는데, 서먹함을 없애기 위해 서로를 소개하는 시간을 갖는다. 그리고 제자훈련에 임하는 각오와 훈련 기간에 꼭 이루어지기를 원하는 기도제목도 다 같이 나누게 한다. 그 다음에는 훈련생들에게 당부하고 꼭 지키도록 해야 할 것을 알려준다. 훈련생들이 유념해야 할 사항은 다음과 같다.

1. 제자훈련 시작 15분 전에 미리 모여 준비한다.
2. 제자훈련 모임 시작 시간에 지각하면 벌금이 있다. (철저히 징수할 것이고, 벌금은 전액 불우이웃돕기에 사용한다.)
3. 결석은 이유 여하를 막론하고 안 된다. 결석하면 무조건 탈락이다. 단, 본인 사고나 중증의 질병 또는 직계가족의 경조사와 같은 부득이한 사정에 한하여 1회만 허용한다. 결석한 경우에는 담당 교사와 반드시 보강을 해야 한다.
4. 과제물을 성실하게 미리 꼭 준비해 온다. 매주 과제물은 교재예습, 큐티, 설교요약, 성경암송, 성경읽기, 기도, 독서과제물, 생활과제물, 신앙일기가 있다. 과제물에 불성실하면 수료를 할 수 없다. 과제물을 정리하면 다음과 같다.
    1) 교재예습을 하는 것은 훈련생으로서 필수적이다. 매주 배울 과를 반드시 예습해야 훈련에 들어올 수 있다.
    2) 큐티는 매일 하는 것이 원칙이다. 일주일 중 하루는 공동으로 본문이 나가는 D형 큐티(내용관찰, 연구와 묵상, 느낀 점, 결단과 적용이 포함되어 있는 큐티)로 하고 이를 제출해야 한다.
    3) 설교요약에는 느낀 점과 결단과 적용도 적는다.
    4) 성경암송은 암송카드를 사용하여 각 과에 맞는 2개의 구절을 외워야 한다. 훈련 마지막 시간에 암송 시험이 있다.
    5) 성경읽기는 매일 성경읽기표를 보고 날마다 읽어야 할 분량을 읽는다.
    6) 기도는 매일 30분 이상을 한다. 가능한 한 동일한 시간과 장소에서 한다.

7) 독서과제물은 매 과에 정해진 도서를 읽고 독후감을 쓰는 것이다. 요약이나 정리가 아니다. 읽고 난 후 자신의 느낌, 결단, 적용을 정리해 기록한다.

8) 생활과제물은 매주 생활 속에서 할 수 있는 과제가 있다.

9) 신앙일기는 삶 속에서 겪으면서 새롭게 깨닫고, 느끼고, 은혜받은 것을 기록하여 제출한다.

5. 모임 하루 전에는 일찍 자고, 무리한 활동을 하지 않는다.
6. 훈련 당일 아침에는 일찍 일어나서 제자훈련을 위해 기도로 꼭 준비한다.
7. 제자반에서 생일을 맞은 훈련생을 위해 축하해 준다. 미리 생일카드를 준비해서 훈련생들이 돌아가며 축하의 글을 적고 생일 케이크를 자르고 축복해 준다.
8. Open heart, Open mind! (마음의 문을 연 만큼 은혜를 받는다!)
9. 서로를 배려하기 위해서 때로는 치열하게 노력해야 한다. 제자훈련은 관계훈련이기도 하다. 한 명의 지체를 배려하지 못하는 사람이 앞으로 리더로서 헌신한다는 것은 넌센스이다.
10. 일주일에 2명씩 전화 통화로 교제하고 서로의 기도제목을 나누고 기도해 준다.
11. 세워주고 긍정적인 대화를 해야 한다. 다른 사람과 의견이 다를 때에는 "맞다", "틀리다", "아니다" 하는 식으로 말을 이어가지 않는다. 자신의 견해만 밝힌다. 즉 "내 생각에는……" 하는 식으로 답변하는 것이 좋다.
12. 제자반에서 나누었던 대화 내용은 절대 비밀이다. 비밀을 지켜주지 못하면 마음을 열고 대화할 수 없고, 마음을 열고 대화할 수 없는 훈련은

훈련이 아니다. 상대방의 비밀은 반드시 지켜주도록 한다.
13. 리더훈련에 지원하는 것은 제자반 담당교사가 대신한다. 지원 대상자의 자격은 1) 성실성(과제물 제출, 성경암송 시험, 제자반 및 주일예배 정시출석) 2) 훈련태도 및 자발성 3) 대인관계성 4) 교역자 평가 등을 기준으로 심사해서 결정한다. 이렇게 심사 결과에 따라 리더훈련을 받을 수 있으며, 심사 결과는 제자훈련 수료 이후에 개별 통지한다.

이러한 유의 사항들은 가급적 단호하고 엄격하고 강력하며 분명하고 깔끔하게 하는 것이 좋다. 제자훈련은 꼭 감당해야 하는 훈련이라는 것을 학생들의 마음에 새겨줄 필요가 있기 때문이다. 담당 훈련자가 너무 가볍게 진행하면 훈련생들은 훈련을 선택으로 여길 가능성이 있으므로 엄격함을 유지해야 한다. 그 다음에는 서약서를 다 같이 읽는다. 다 읽은 후에는 각각의 훈련생에게 서명을 받는다. 서약서에 서명을 받는 이유는 훈련을 끝까지 감당하겠다는 훈련생의 의지를 다시 한 번 스스로에게 확인시켜주기 위함이다. 자신과의 약속을 소홀히 하는 사람은 그 어떤 것도 이룰 수 없다는 것을 분명히 밝혀준다.

다음은 서약서의 내용이다.

1. 나는 훈련생으로서 제자훈련에 최우선순위를 두며 지각이나 결석은 하지 않겠습니다.
2. 나는 제자훈련 기간 중 훈련 담당 선생님께 순종하겠습니다.
3. 나는 매주 제자훈련에 참석하기 전 제자훈련 과정에서 요구하는 과제물

을 최선을 다하여 성실하게 준비하겠습니다.

4. 나는 토의와 대화에 자유롭게 그리고 책임감을 가지고 적극적으로 참여하겠습니다.

5. 나는 본 제자훈련 과정 중 나누었던 훈련생들의 개인적인 내용이나 기도제목에 대한 비밀을 성실히 지키겠습니다.

6. 나는 제자반 훈련생 모두가 예수 그리스도의 제자로 변화되고 성숙한 삶의 열매를 맺어가도록 최선을 다하겠습니다.

7. 나는 나보다 남을 낫게 여기고 서로를 용납하고 사랑하는 한 팀이 되기 위해 최선을 다하겠습니다.

자신의 서명이 들어 있는 서약서에 손을 얹고 제자훈련을 통해 변화될 자신의 모습을 떠올리고, 하나님이 차고 넘치도록 베풀어주시는 은혜를 사모하면서 간절하게 기도하는 것으로 제자훈련 첫 시간을 마무리한다. 그리고 나서 반드시 함께 식사하는 시간을 가진다. 알다시피 식탁 교제를 하면 분위기가 부드러워지고, 마음과 마음이 통하게 되기 때문이다. 그래서 첫 시간을 마친 후에는 반드시 식탁 교제를 나누고 귀가하도록 하고 있다. 이러한 식탁 교제는 가급적이면 제자훈련 기간 동안 지속하도록 한다. 같은 제자반 학생들끼리 함께 식사하며 친밀감을 유지할 수 있기 때문이다. 식탁 교제는 할수록 유익함을 느끼게 된다.

chapter: 9

# 제자훈련 교육과정

제자훈련의 목적은 학생들의 인격과 성품이 예수님을 닮아 온전하게 되는 것이다. 이와 같이 성품의 변화를 가져오기 위해서 제자훈련 교육과정을 구성하는 데 몇 가지 주안점을 두었다.

첫째로, 교육과정에 가장 기본이 되는 것을 기도와 말씀, 말씀과 기도로 삼았다. "하나님의 말씀과 기도로 거룩하여짐이라"(딤전 4:5)는 말씀을 교육과정의 지표로 두고, 이 두 개의 기둥을 중심으로 교육과정을 편성했다. 기도 생활과 말씀 생활이 훈련생의 삶의 중심에 놓이게 된다면 인격은 변화된다. 특히 제자훈련 기간 동안 매일 기도하며 말씀을 묵상한다면 반드시 변화는 일어날 것이라고 믿는다. 그래서 제자훈련의 교육과정을 구성할 때 11주 동안 기도와 말씀이 삶의 습관으로 자리 잡을 수 있도록 했다. 하나님과 매일 만나는 시간, 경건의 시간, 기도 응답의 비결, 성경이라는 과를 만들어 거의 절반을 말씀과 기도에 할애했고, 과제물도 기도, D형 큐티, 성경암송, 성경읽기, 설교요약 등을 넣어 말씀과 기도에 대한 것이 많이 차지할 수 있도록 했다.

둘째로, 교육과정에 주안점을 둔 것은 '행함으로써 배운다(Learning by Doing)'는 것이다. 훈련생들을 책상에만 매어두지 않고, 직접 경험하고 행하게끔 했다. 그래서 훈련 교재의 각 과마다 가급적이면 활동(activity)을 만들려고 했다. 가령 기도 응답의 비결에 대한 교재를 마치고 나서는 훈련생 모두 기도실로 가서 1시간 이상 동안 기도하게 한다. 특히 자신을 위한 기도가 아닌 우리 민족과 우리나라, 교회와 학교, 친구들을 위한 기도에 중점을 두게 한다. 처음에는 미적거리다가도 함께 기도제목을 내어놓고 기도하다 보면 기도에 불이 붙게 될 것이다.

예배와 관련한 활동은 이웃 교회에서 예배드리고 온 후 우리 교회 예배와는 어떤 차이점이 있는지, 배워야 할 것은 무엇인지를 나누게 하는 것이다. 각 교파마다 예배 분위기와 예배의 강조점이 다르다는 것을 깨닫도록 만들어준다.

성경에 대한 것을 배우고 나서는 대한성서공회를 방문하여 성경이 우리 손에 들어오기까지의 과정에 대해 특강도 듣고 옛 성경자료도 보게 한다. 이렇게 함으로써 우리가 들고 다니는 성경이 그냥 주어진 것이 아니라 여러 고비를 넘어 하나님이 세우신 사람들의 헌신에 의해 들어왔다는 것을 깨닫게 되고, 더 소중히 여겨 성경읽기에 대한 강한 동기부여도 제공한다.

그리스도를 증거하는 생활을 훈련받고서는 4영리 전도 책자를 갖고 지하철역과 고속버스터미널로 나가 직접 개인 전도를 실시한다. 전도를 하면 전도를 허락하는 사람보다는 거절하는 사람들이 더 많음을 알게 되고, 이를 통해 복음을 증거하는 것이 얼마나 어려운 것이며 증거되었을 때의 기쁨은 또 얼마나 큰지 느끼게 된다.

비전 세우기를 마친 후에는 양화진에 있는 외국인 선교사 묘지를 다녀오게 한다. 이 땅과 이 민족을 한국 사람보다도 더 사랑했던 한국 선교 초기의 외국인 선교사를 생각하며 다시 한 번 훈련생들의 마음에 세계 선교를 향한 비전을 새롭게 다지게 만든다.

이렇게 훈련 교재의 내용과 관계된 활동을 마련하여 교재의 내용이 훈련생들의 생각과 마음 그리고 몸에 와 닿도록 노력했다.

셋째로, 교육과정의 또 다른 주안점은 과제물이다. 훈련생들은 과제물에 대한 부담이 크지만 그것을 통해 다시 한 번 자신의 일상 속에서 말씀과 기도의 끈을 놓지 않는 계기가 된다. 특히, 과제물은 훈련 교재의 각 과의 복습과 예습의 효과를 극대화할 수 있도록 만들어졌기 때문에 교재의 내용을 입체적으로 소화할 수 있도록 도와준다. 또한 앞서 밝힌 대로 과제물은 모두 9가지가 있는데, 매일 1-2시간씩 시간을 내어 하는 것이 중요하다. 과제물이 많은 이유는 일상 속에 말씀과 기도가 자연스럽게 스며들어가 변화되는 삶을 살게 하기 위한 것이다. 매일 말씀 묵상하며 경건의 시간을 갖고, 자신의 삶을 돌아보며 신앙일기를 쓰고, 동기생들과 기도제목을 나누게 해주는 역할을 과제물이 하게 된다. 훈련을 마친 학생들은 이구동성으로 말하기를 비록 훈련 중에는 힘들었지만 과제물을 해냈을 때의 보람과 그것이 삶에 미친 영향이 매우 컸다고 한다. 과제물이 제자훈련의 과정 속에서 중요한 부분을 차지하는 것을 볼 때 의미 없이 구성되어서는 안 된다. 목적과 의미가 분명하게 정해져야 하며 훈련생들에게 과제물에 대한 중요성을 알려주고 동기부여를 해주어야 할 것이다.

마지막으로, 교육과정에 주안점을 둔 것은 수련회이다. 제자훈련 기간 중에는 두 번의 수련회가 있는데, 하나는 2박 3일 고등부 전체 수련회이고, 또 하나는 1박 2일 제자훈련반 자체 수련회이다. 반드시 훈련생은 모두 고등부 수련회에 참석한다. 모집 과정에서부터 고등부 수련회에 참석하지 않을 경우 제자훈련을 받을 수 없다는 것을 분명히 한다. 제자훈련은 소그룹이기 때문에 대그룹으로 모였을 때 임하시는 성령의 강력한 임재를 체험할 필요가 있기 때문이다. 이처럼 소그룹의 장점과 대그룹의 장점 모두를 경험하게 해주는 것이 중요하다. 수련회가 얼마나 중요한지는 학습, 세례, 입교 문답을 하면서 느끼게 된다. 거의 90% 이상의 학생들이 예수님과의 인격적 만남을 가진 경험을 '수련회'라고 말하는 것을 보면, 수련회가 얼마나 중요한지는 강조해도 지나침이 없다.

청소년 시기에 예수님을 인격적으로 만나면 어른들이 2-3년에 걸쳐 성장할 수 있는 믿음의 분량을 2-3개월 만에 이룰 수 있다. 그것은 마치 '티핑 포인트(Tipping point)'와도 같다. 티핑 포인트는 어느 한순간 급격한 변화를 그리면서 상승하는 변곡점을 말한다. 한번 변화되면 그 속도가 엄청나다. 이것은 하나님이 청소년들에게만 특별히 주시는 은혜라고 생각한다. 그렇기 때문에 제자훈련 교육과정에 고등부 수련회가 필수로 들어가야 하는 것이다.

부서 수련회뿐만 아니라 1박 2일 제자반 수련회에도 참석해야 한다. 제자반 수련회는 제자훈련이 2/3 정도 지난 시점일 때 간다. 이 시점이면 처음 시작할 때보다는 어느 정도 긴장도 풀리고 훈련도 익숙해질 무렵이라 마음을 다시 한 번 잡아야 할 필요가 있다. 제자반 수련회는 토요일에 가서 주일 아침에 온다. 토요일 낮에는 주로 함께 어울릴 수 있는 공동체 프로그램을 진행하여 그동안 눌린 마음을 발산하게 해준다. 그리고 제자반 훈련생 전체를 대상으로 MBTI 성격검사도 실시하여 훈련생 자신의 성격을 파악하고, 서로 다른 이유를 성격 차이로 이해하려는 노력을 하게 한다. 그래서 서로를 존중하고 배려하는 모습을 갖게 해주는 것이다. 저녁에는 집회를 통해서 다시 한 번 청소년 시절의 제자훈련이 왜 중요한지를 알려주고, 마지막까지 최선을 다할 수 있도록 독려해 준다. 특히 청소년 시절 학생 리더로 섬기는 것이 얼마나 영광스러운 것인지에 대해서 분명히 말해 준다. 제자훈련을 먼저 받은 리더 선배들이 찾아와 격려하게 하고 선후배 간의 돈독한 정을 쌓는 시간도 갖는다.

다음의 도표는 제자훈련의 교육과정을 쉽게 볼 수 있도록 만든 것이다. 고등부 제자반 교사들과 함께 2002년에 처음 만든 것으로 그동안 부분적으로 수정은 있었지만 큰 틀은 변함없이 유지하면서 현재까지 진행하고 있다. 앞으로는 중등부와 연계된 새로운 제자훈련 교육과정을 만들어서 전면 개편을 하려고 계획 중이다.

### 제자훈련 교육과정

| 차수 | 진도 | 큐티본문 | 성경암송 | 독서과제물 | 생활과제물 | 활동 |
|---|---|---|---|---|---|---|
| 1 | 개강예배 및 오리엔테이션 | | | | | |
| 2 | 나의 신앙고백과 간증 | | 롬 10:9-10<br>마 16:16 | 『내 마음 그리스도의 집』<br>(로버트 멍어, IVP 소책자) | | |
| 3 | 하나님과 매일 만나는 생활 | | 히 4:16<br>애 3:22-23 | 『늘 급한 일로 쫓기는 삶』<br>(찰스 험멜, IVP 소책자) | | |
| 4 | 고등부 수련회 | | | | | 사랑의교회<br>수양관<br>2박 3일 |
| 5 | 경건의 시간 | | 시 1:1-2<br>시 119:105 | 『영성이 깊어지는 큐티』<br>(송원준, 두란노) | | |
| 6 | 기도 응답의 비결 | | 요 15:7<br>마 7:11 | 『기도 응답을 받는 방법』<br>(제리 브릿지스,<br>네비게이토 소책자) | | 중보기도실<br>사용 |
| 7 | 예배 | | 요 4:23<br>롬 12:1 | 『하나님은 이런 예배를<br>원하십니다』<br>(에이든 토저, 생명의말씀사) | | 이웃 교회<br>예배탐방 |
| 8 | 제자반 수련회 | | | | | 사랑의교회<br>수양관<br>1박 2일 |
| 9 | 성경 | | 롬 1:16<br>딤후 3:16-17 | 『말씀의 손 예화』<br>(네비게이토 출판사,<br>네비게이토 소책자) | | 대한성서공회<br>견학 및 특강 |
| 10 | 그리스도를 증거하는 생활 | | 마 28:19-20<br>마 5:16 | 『다른 사람을 그리스도께로<br>인도하는 방법』<br>(한국대학생선교회, 순출판사 소책자) | | 4영리<br>전도실습 |
| 11 | 비전 세우기 | | 사 60:22<br>딤후 2:2 | 『형제를 위하여 깨어지는 삶』<br>(케파 셈팡기, IVP 소책자) | | 양화진<br>외국인<br>묘지 탐방 |

2009년부터 사용될 고등부 제자훈련 교육과정은 부록 청소년 제자훈련 자료실 참조.

그리고 현재 수정되어 진행하고 있는 것은 '활동'이다. 모든 활동을 3년 전부터 4영리 전도실습으로 바꾸었다. 그 이유는 사랑의교회 청소년들의 특성 때문인데, 그들은 대체적으로 수동적이고 소극적이며 내성적이다. 그러다 보니 능동적이고 적극적인 면이 부족하여 낯을 많이 가린다. 이런 성향이 학생 리더로 서임받은 후까지 계속되어 후배들을 섬길 때 긍정적인 면으로 작용하지 않음을 보게 되었다. 소위 말해서 '파이팅'이 부족했던 것이다. 그리고 노방전도의 경험이 학생들에게는 전무했다. 이 두 가지를 극복하기 위한 방안으로 4영리 전도실습을 제자훈련 활동에 전면적으로 접목하게 된 것이다.

지금은 제자훈련 3주차부터 전도실습을 하고 있다. 2인 1조가 되어 지하철역과 고속버스터미널에 나가서 낯선 사람들에게 노방전도를 한다. 4영리 전도법을 선택한 것은 4영리 전도 책자를 읽어주면 되는 것이므로 훈련생들이 쉽게 할 수 있다는 장점이 있기 때문이다. 이를 통해서 제자훈련 기간 동안에 적어도 20명 이상에게 전도하게 하여 전도에 대한 열정을 심어주고, 수동적인 자세에서 적극적인 자세로의 탈바꿈을 모색하고 있다.

chapter: 10

# 제자훈련 수료와 리더훈련으로의 진급

제자훈련 수료식은 그동안 훈련을 받느라 수고했던 훈련생들을 격려하고, 섬김의 수고를 아끼지 않은 교사들을 위해 주일예배시간에 거창하게 진행한다. 이렇게 하는 데에는 또 다른 의도가 있다. 나는 제자훈련을 받지 못한 학생들에게 훈련을 받지 못한 것에 대해 거룩한 한(恨)을 품으라는 말을 하고 싶었던 것이다. 그래서 기필코 다음 기회에는 어떤 희생을 치르더라도 꼭 제자훈련을 받으라고 한다. 그만큼 제자훈련은 청소년 시절이 지나가기 전에 꼭 해야 하는 것 중에 하나인 것이다. 제자훈련 수료식에서 수료증을 한 명, 한 명 수여하고 축복해 준 다음에는 수료한 학생 중에서 꼭 소감을 말하게 한다. 다음은 2005년 제자훈련을 마치고 발표한 한 훈련생의 소감문이다.

나는 사랑의교회에 올해 1월부터 나왔기 때문에 제자훈련이라는 것을 처음 들어보았다. 어떤 걸까 하는 호기심 반, 기대 반으로 신청서를 챙겼다. 그러나 성경을 얼마나 읽었느냐는 질문에 곧바로 '나는 못하겠구나' 하고 생각했다. 왜냐하면 솔직히 나는 믿음도 확실하지 못했고, 제자훈련은 성경도 많이 읽고 신앙생활을 열심히 하는 아이들만 할 수 있는 것이라는 생각이 들었기 때문이다. 그래서 신청서를 작성하고 1주일 동안 계속 고민했다. 그런데 그렇게 아는 것도 없고, 너무 부족했던 나에게 하나님이 기회를 주셨다. 제자훈련 첫날, 교회에 가면서 걱정이 태산이었다. 왜냐하면 이제 토요일마다 친구 만나는 것, 놀러가는 것을 삼가야 한다는 생각과, 은근히 밀려오는 과제의 압박감, 또 아는 사람 없는 새로운 환경을 생각하니 막막했기 때문이다. 그러나 언제나 그랬듯 교회에 도착하니 기분이 좋아졌고 아는 사람이 없어서 걱정했던 건 정말 쓸데없는 일이었다.

처음 만난 제자반 선생님과 친구들이 너무 좋았다. 그리고 한 주, 한 주 지날수록 말씀을 나누고, 함께 4영리 전도실습을 나가고, 제자반 MT 가며 훈련하는 과정들이 무척 즐거웠다. 제자훈련을 통해 성경탐험학교도 참여했고, 여름수련회도 망설임 없이 다녀올 수 있었다. 큐티하고 기도하고 소책자들을 읽으면서 많은 것을 배웠고, 교재를 함께 공부하며 하나님의 은혜를 받는 기쁨이 어떤 것인지도 알게 되었다. 아주 조금씩이지만 이렇게 나 자신이 변해가는 모습을 느낄 수 있었다. 제일 중요한 건 확실히 믿음이 성장했다는 것이다. 이제는 하나님을 믿지 않는 가족들과 친구들을 보면서 안타깝고 불쌍하다는 생각을 하게 됐고, 그들을 위해 진심으로 기도할 수 있었다. 또 학교에 가서 친구들의 시선에도 아랑곳하지 않고 제일 먼저 큐티책과 성경책을 펴고 경건의 시간을 갖는 내가 자랑스러웠고, 제자훈련이 끝나도 큐티를 열심히 하리라 결심했다.

미숙했던 나였지만 많은 것을 배우고 느낄 수 있게 해준 제자훈련⋯⋯. 처음엔 숙제 열심히 하고 11주만 참으면 되지 하는 마음으로 훈련 그 이상으로는 생각하지 않았는데, 지금은 훈련 이상으로 은혜로웠던 11주가 되었다! 은혜로웠다는 말로 내가 느낀 기분이 표현될지 모르겠지만, 어쨌든 나에겐 정말정말 은혜로운 시간이었다.

제자훈련이 다 마무리된 후에는 리더훈련으로 진급할 학생들을 담당 교사들로부터 추천을 받는다. 여기에는 몇 가지 추천 기준이 있는데, 반드시 구원의 확신이 있는 훈련생이어야 한다. 그 외에 성실성, 훈련태도 및 자발성, 대인관계성, 교역자 평가 등이 기준이 된다. 추천받지 못한 학생들은 분명한 사유를 말해 주어 다음을 기약하게 한다. 이렇게 제자훈련을 수료한 훈련생들 전부를 다음 단계인 리더훈련으로 올라가게 하지 않는 이유는 두 가지 때문이다. 먼저, 제자훈련을 처음부터 끝까지 성실하게 받게 하기 위해서이다. 짧은 기간 동안 최선을 다해 훈련에 임해 리더훈련으로 진급할 수 있도록 하여 훈련의 누수가 생기지 않도록 하자는 것이다. 그 다음은, 리더훈련의 귀중함을 알게 하여 훈련을 받는 것에 대한 자긍심을 갖도록 하기 위함이다. 자긍심을 갖게 되면 어떤 힘든 훈련도 잘 이겨낼 수 있고, 훈련생들의 수준이 질적으로 높아지게 된다.

Part. 3

# 청소년 리더훈련을 개척하다

chapter: 11

# 청소년 리더십 키우기

제자훈련을 마친 훈련생들을 데리고 첫 번째 리더훈련을 하기 전에 한 가지 분명히 해둘 것이 있었다. 리더훈련을 마친 학생들에게 사역의 장을 어떻게 펼쳐줄 것인가 하는 문제였다. 처음에 생각했던 것은 학교에서 각 반마다 반장이 있는 것처럼, 교회에도 반장을 두자는 것이었다. 하지만 각 반의 인원이 10명이 채 되지 않고, 그 정도의 인원이면 담임교사가 충분히 섬길 수 있기에 그 역할이 유명무실화될 수 있었다. 섬김 동아리의 팀장으로 섬기게 할까도 생각해 보았다. 사랑의교회 청소년 부서에는 섬김 동아리가 운영되고 있는데, 찬양팀, 성가대, 이삭부(복지시설을 방문해 봉사하는 동아리), 주보사, 신사도(신입생을 사랑하는 도우미들), 예배사랑팀(의자 정렬 및 정리하는 동아리) 등이 있다. 하지만 이러한 섬김 동아리에도 지도교사가 있기 때문에 굳이 팀장을 세울 필요가 없어 보였다. 그러다가 최종적으로 결정한 것이 바로 각 반 담임교사처럼 고1 후배들을 말씀과 기도로 섬기는 자리로 가게 하자는 것이었다. 지금은 해를 거듭하면서 리더훈련을 수료하고 서임한 학생 리더들이 고1 후배들을 맡아 섬기는 것이 당연하게 되었지만, 초창기에는 이러한 생각이 정말 파격적인 것이었다.

이 때문에 교사들이 수많은 문제제기를 하게 되었다. 아무리 훈련을 받았다 할지라도 어떻게 학생이 학생을 가르치고 섬길 수 있는가? 1년 차이밖에 나지 않는 선배가 후배들에게 과연 리더십을 발휘할 수 있겠는가? 학생 리더가 맡는 반이 성인교사가 맡는 반에 비해 교육의 질이 현저히 떨어지지 않겠는가? 그렇게 되면 결국 학생 리더들은 필요 없게 되는 것 아닌가? 등등 수많은 문제제기가 터져 나왔다. 하지만 이런 문제제기에 대한 명확한 답을 할 수 없었다. 그 누구도 경험하지 않고는 대답할 수 없는 일이었기 때문이다. 결국 여러 문제들에 대한 답은 뒤로 미루기로 하고 이 결정을 감행하기로 했다.

감사한 것은 좌충우돌하는 나와 함께해 준 교사들의 믿음이었다. 도전 한 번 제대로 하지 않고 주저앉는 것보다 실패할지언정 경험을 해보는 것이 남는 것이라는 생각으로 밀고 나갔다. 그리고 이 일이 성공한다면 침체되어 있는 한국 교회의 청소년 사역에 새로운 돌파구가 될 것이라는 희망이 생겼다. 청소년이 청소년을 맡아 말씀과 기도로 섬기는 모습은 상상만 해도 황홀했다. 자기 하나 추스르지 못해서 늘 섬김을 받으면서도 우왕좌왕하며 살고 있는 청소년들이 이제는 자신이 아닌 남을 섬기고 챙겨주며 믿음의 선배로 나선다는 것이 얼마나 기쁘고 복된 일인가.

리더훈련을 준비하면서 또 한 가지 어려움이 있었다면, 참고할 만한 도서가 없었다는 것이다. 제자훈련을 마치고 학생들을 추천받아서 처음으로 리더훈련을 시작해야 하는 무렵, 청소년 리더십에 관련된 책이 거의 전무하다는 것을 발견했다. 청소년 지도자의 리더십에 대한 책은 있어도 청소년 자신들을 위한 리더십 책은 단 한 권도 나와 있지 않았다. 정말 난감했다. 청소년들을 대학입시생 정도로만 인식하고 리더십의 역량을 발휘할 존재가 아니라는 사회적 분위기 때문에 생긴 현상이라는 생각이 들었다. 하지만 생각해 보라. 청소년 시절에 리더십을 펼치면서 다양한 리더십을 경험하고 시행착오를 거쳐 균형 잡힌 리더십을 만들어간다면 어른이 되었을 때도 교회에서나 사회에서 지도자로서 자기 역할을 다하지 않겠는가. 청소년 시절 그런 기회가 주어지지 않는다면 그만큼 리더십의 역량을 갖추어야 할 시기가 늦추어져서 사회와 교회의 발전은 더디게 될 것이다.

우리나라에 비해 미국 사회는 청소년 리더십과 관련된 자료가 너무나 많다. 미국 이민교회에서 청소년 사역을 하는 사역자를 만나 이야기를 들어보니 미국에서는 이미 어린 시절부터 리더십과 관련된 교육을 학교에서도, 교회에서도 하고 있다는 것이다. 그렇기 때문에 한국 사회나 교회보다 지도자의 역량을 갖춘 사람들이 일찍 배출된다고 했다. 그 이야기를 들으며 청소년 리더십이 황무한 현실 속에서 입시만을 붙들고 있는 우리 아이들이 안타까웠다. 그때부터 나는 미국에서 나온 청소년 리더십 서적들을 구입하여 열독하기 시작했다. 입시로부터 어느 정도 자유로운 미국 교육의 상황 속에서 청소년들이 리더십을 발휘할 수 있도록 이끄는 이론과 실제들은 아주 구체적이었다. 그러나 우리나라 상황에는 맞지 않는 것들이 꽤 많았다. 특히 가장 필요한 교회에서 사용할 수 있는 청소년 리더를 위한 훈련 교재는 없었다. 결국 자체적으로 리더십 훈련 교재를 만들 수밖에 없었고, '오직 한 영혼을 위하여'라는 리더훈련 교재가 나오게 되었다. 훈련 교재를 만들면서 한 가지 중요한 교훈을 얻었다. 가능하다면 교역자가 직접 훈련 교재를 만드는 것이 좋다는 것이다. 리더훈련은 교역자가 직접 챙겨야 한다. 훈련생은 담당 교역자의 분신과도 같은 것이다. 그러기에 훈련 교재 안에는 담당 교역자의 목회철학과 사역의 방향이 고스란히 담겨 있어야 한다. 그렇게 할 때 교역자와 훈련생 간의 간극이 좁아질 것이고, 훈련의 효과도 극대화할 수 있다.

'오직 한 영혼을 위하여'라는 교재는 두 가지 고민을 통해 만들어졌다. 하나는 '어떻게 리더로서의 정체성과 확실한 소명을 심어줄 것인가?' 하는 것이었고, 또 하나는 '섬기는 리더십의 역량을 최대화시키기 위해 무엇을 제공해야 하는가?' 하는 것이었다. 그 당시만 해도 학생 리더에 대한 정의, 역할, 사역의 방향 등 아무것도 정해진 바가 없었다. 모든 것이 처음으로 시도되는 것이었다. 그래서 리더훈련의 전반부에서는 리더로서의 자기 정체성과 소명에 대해 집중적으로 훈련받지 않으면 안 되는 상황이었다. 특히 자기 정체성이 분명하지 않은 상태에서 누군가를 섬기는 것은 어려운 일이었다. 이 부분이 나와 교사들이 많이 걱정하고 염려했던 부분이다. '내가 누구인가?'에 대한 분명한 해답을 갖지 못한 학생이 다른 누군가를 섬기게 될 때 양쪽 모두 어려움에 봉착하게 될 것이 분명했다.

의도적으로 교재의 전반부에 '리더로서 나는 누구인가?', '왜 하필 내가 리더가 되어야만 하는가?'에 대한 분명한 답을 찾을 수 있도록 구성했다. 그리고 후반부에는 섬기는 리더십에 대한 성경적 기초와 실제를 넣었다. 아직까지 한 번도 누군가를 섬겨보지 못한 학생들이기에 예수님이 보여 주신 섬기는 리더십은 이들 인생에 있어서 리더십의 방향을 잡아주는 데 매우 중요한 역할을 할 것이다. 섬기는 리더십에서 강조하는 성경적 기초는 크게 3가지이다.

첫째는, 자연스러움이다. 리더에 대해 부담을 갖는 학생들의 마음을 안심시켜줄 필요가 있다. 예수 그리스도를 영접한 사람은 누구나 리더십을 발휘할 수 있을 정도로 리더는 자연스러운 것임을 깨닫게 해주어야 한다. 예수님은 사마리아 수가성에서 한 여인을 만나셨다. 그 여인은 예수님과의 대화를 통해 예수님이 바로 메시아라는 사실을 깨닫게 되었다. 그렇게 예수님을 믿게 되자 물동이를 버려두고 다시 마을로 가서 많은 사람들을 예수님께 이끌고 나왔다. 자신이 만났던 메시아이신 예수님을 마을 사람들도 만나게 해준 것이다. 리더란 바로 이 사마리아 여인과 같은 일을 하는 사람이다. 내가 만난 예수님을 아직 그분을 만나지 못한 사람들에게 만나게 해주는 것이다. 지금 당장 예수님을 만난 사람도 할 수 있는 너무도 자연스러운 사역이 바로 리더이다. 이렇게 리더는 예수님을 마음에 영접하고 인격적으로 만난 사람에게는 아주 자연스러운 것임을 공감하게 해준다. 그리고 다시 한 번 영적 자신감을 회복시켜주어 리더훈련에 대해 기대를 품게 만들어 마지막까지 포기하지 않도록 이끈다.

둘째는, 그냥 좋아서 하는(disinterested interesting) 섬김을 강조한다. 예수님이 십자가에 달려 돌아가시기 바로 전날 밤에 제자들의 발을 씻기시던 모습 속에서 섬김을 발견하게 한다. 자신을 배반할 가룟 유다의 발까지도 씻으시며 끝까지 아무런 조건 없이 섬기신 예수님의 모습을 묵상하게 하는 일은 꼭 필요하다. 훈련생들이 갖추어야 될 리더십은 앞으로 섬기게 될 후배들의 조건을 보지 않는 섬김의 리더십이 되어야 한다. 조건적으로 섬기는 것은 쉽게 할 수 있지만 그만큼 쉽게 지칠 수 있다. 그리고 그 조건이 사라질 때는 섬길 수 없게 된다. 하지만 조건 없이 사랑으로 섬기면 그 모든 것을 하나님이 기억하실 것이고, 하나님 나라에 상급으로 준비하실 것임이 분명하다. 조건적인 섬김이 되지 않고, 그냥 좋아서 하는 섬김이 될 수 있도록 아이들을 이끄는 것이 중요하다 하겠다.

셋째는, 눈물의 기도이다. 사도 바울은 그 누구보다 같은 유대 동족들에게 핍박을 많이 받았다. 그들에게 사십에서 하나 감한 매를 다섯 번 맞고 세 번 태장으로 맞고 한 번 돌로 맞았다. 그리고 옥에 갇히기도 하고 죽을 고비도 여러 번 넘겼다. 그 정도라면 같은 민족에 대한 미움과 원한도 사무칠 수 있을 것이다. 그러나 사도 바울은 동족을 위해 이렇게 말했다.

"내가 그리스도 안에서 참말을 하고 거짓말을 아니하노라 나에게 큰 근심이 있는 것과 마음에 그치지 않는 고통이 있는 것을 내 양심이 성령 안에서 나와 더불어 증언하노니 나의 형제 곧 골육의 친척을 위하여 내 자신이 저주를 받아 그리스도에게서 끊어질지라도 원하는 바로라" (롬 9:1-3).

자신이 저주를 받아 그리스도에게서 끊어질지라도 유대 민족이 구원을 받는다면 좋다고 말한 바울. 민족을 향한 눈물이 고스란히 바울의 마음과 몸에 담겨져 있음을 느낄 수 있다. 나는 학생들에게 앞으로 섬기게 될 후배들을 위한 마음이 이와 같아야 한다고 말한다. 분명히 구원의 확신이 없는 후배가 있을 것이다. 그런 후배를 마음에 품고 바울과 같은 심정으로 눈물을 뿌리며 기도해야 한다. 이 후배가 구원받을 수만 있다면 내가 저주를 받아 그리스도에게서 끊어져도 좋다는 눈물의 기도를 해야 하는 것이다. 이러한 눈물의 기도를 각오하지 못하고서는 후배들을 진정으로 섬길 수 없다. 하나님은 이런 간절한 마음으로 드리는 자의 기도를 절대 외면치 않으실 것이다. 그래서 결국 후배도 살리고, 리더도 살려주실 줄 확신한다.

섬기는 리더십의 실제적인 면은 앞으로 리더들이 사역해야 하는 소그룹을 이해하고 어떻게 진행하는지를 실제로 연습할 수 있도록 구성했다. 소그룹은 고등부 예배 후 20-30분 동안 진행이 되는데 이 시간 동안 공과를 어떻게 가르쳐야 하는지에 대해 직접 준비해서 실습을 하게 한다. 이를 통해서 좀 더 구체적으로 소그룹의 진행 감각을 쌓도록 해주는 것이다.

리더훈련 이후의 사역 방향을 정하게 되고, 그에 맞게 리더훈련의 내용을 준비하면서, 이제는 첫 시작만이 남게 되었다. 감사한 것은 이 모든 것을 준비할 때 함께 기도해 주시고, 섬겨주신 선생님들의 수고였다. 선생님들의 사랑의 수고에 나는 큰 빚을 졌다.

chapter: 12

리더훈련의 교육과정 1 :

# 리더훈련은 만남으로 준비하라

    리더훈련은 제자훈련을 수료하고 추천받은 학생들을 만나는 것으로부터 시작된다. 제자훈련 종강과 리더훈련이 개강하는 시기가 바로 연결되지 않고 5개월 정도의 기간이 있는데, 훈련을 방학 기간에 집중하다 보니 생긴 현상이었다. 그래서 이 기간 동안 교역자가 리더훈련에 참가할 학생들을 직접 만나서 교회와 학교와 가정생활에 대한 이야기를 들어보고 여러 고민들을 상담해 주면서 마음과 자세가 흐트러지지 않게 도와준다. 제자훈련 수료 후에 학기가 시작되고 나면 학생들에게 예기치 못한 어려움도 생기고, 학업에 대한 부담도 점점 가중되기 때문에 이들을 영적으로 잘 돌보고 섬기는 것은 매우 중요한 일이다.

    리더훈련을 받게 되는 훈련생들은 적어도 6개월 또는 1년 동안 교역자와 사역을 함께할 동역자들이다. 제자훈련이 예수님처럼 살 수 있는 사람으로 키우는 것이라면, 리더훈련은 말씀을 가지고 후배들을 섬길 수 있는 '작은 목사'를 만드는 것이다. 이것은 교역자의 분신(分身)이 되어 사역을 돕는 동역자를 발굴하는 것이기도 하다. 그렇기 때문에 학생들 한 사람, 한 사람이 매우 소중하고 존귀한 존재들이다.

나는 리더훈련을 받을 학생들을 만나기 위해 도시락을 직접 준비해서 학교로 찾아갔다. 점심시간에 함께 점심을 먹으며 아이의 일상 이야기를 듣고, 필요한 것들과 기도제목들을 나누기도 했다. 이 방법은 교역자나 학생 모두에게 감동을 주는 좋은 방법이라는 생각이 든다. 학생은 학교로 직접 교역자가 찾아온다는 사실에 마음 설레며 기다리고, 교역자는 도시락을 통해 학생을 향한 사랑과 정성을 표현할 수 있다. 이것은 나중에 학생들이 리더훈련을 마치고 나서 후배들을 섬길 때 본이 되기도 했다. 점심시간 말고도 가끔씩 학교 앞을 지나다가 쉬는 시간이 되면 학생들을 잠깐 불러서 10분 동안 기도제목을 나누고 함께 기도해 주었다.

이렇게 리더훈련을 앞둔 학생들과 하나가 되기 위해 최선을 다했다. 그리고 리더훈련의 시기가 다가올 때쯤에는 다음과 같은 리더훈련 안내문을 발송해 주었다. 리더훈련 역시 제자훈련처럼 자원하는 마음으로 지원을 해야 하기 때문에 이런 안내문을 발송하여 학생들로 하여금 충분히 생각할 수 있도록 했다.

1. 당신은 리더훈련을 지원하였고, 제자반 선생님의 추천을 받았습니다.
2. 그리고 리더훈련을 받기 위해서는 부모님의 동의가 있어야 합니다. 동의가 이루어지지 않으면 리더훈련을 받을 수 없습니다. 오늘 목사님과 만

난 후 부모님께 동의를 구하여 목사님께 메일로 ○월 ○일까지 연락을 해주어야 합니다.

3. 리더훈련은 ○○○○년 ○월 ○일부터 ○월 ○일까지 10주 동안 실시됩니다. 시간은 화, 금, 토요일 오전 10시 30분부터 오후 1시 30분까지 3시간 동안 진행됩니다. 요일은 본인이 자유롭게 정할 수 있습니다.

4. 리더훈련 과정을 통해 리더로서의 갖추어야 할 자질과 후배들을 어떻게 섬길지에 대해 구체적으로 배우게 됩니다.

5. 리더훈련 기간 중에 고등부 수련회는 반드시 참석하여야 합니다. 겨울수련회에서는 중3 학생들을 맡는 조장으로 활동하게 됩니다.

6. 아울러 수양관에서 있을 리더훈련생 수련회에도 반드시 참석하여야 합니다. 이 수련회는 리더 선배들이 함께 참석하여 진행할 예정입니다.

7. 리더훈련 수료 후 리더 서임식은 ○○○○년 ○월 ○일에 있을 예정입니다. 리더 서임 후 6개월 동안 고등부 리더로서 사역을 하게 됩니다. 6개월을 마친 후 목사님과 의논하여 하반기에도 계속할지, 그만할지를 결정하게 됩니다. (본인 의사를 최대한 존중함)

8. 고등부 학생 리더는 10시 예배에 참석하는 3-4명의 후배들을 맡아 섬기게 됩니다. 후배들은 출석률이 좋은 학생들 가운데서 선발합니다.

9. ○월 ○일 (토) 낮 12시부터 리더훈련 오리엔테이션 모임이 고등부 예배실에서 있습니다. 꼭 참석해야 합니다. 오리엔테이션에 올 때에는 '나를 찾아서(79p 참조)'를 작성해서 가지고 와야 합니다.

10. 겨울방학 동안 학원 및 과외 시간을 잘 조정하여 리더훈련과 수련회에 참석하는 데 차질이 없도록 해주길 부탁드립니다.

chapter: 13

리더훈련의 교육과정 2 :

# 오리엔테이션 시간부터 마음을 열어라

　　리더훈련에서 가장 중요한 것은 교역자이다. 교역자가 어떤 시각으로 훈련생을 대하느냐에 따라 그 훈련이 끝까지 은혜로 가느냐 그렇지 않느냐가 결정된다. 제자훈련을 수료하고 리더훈련으로 모일 때 교역자의 마음가짐은 투명해야 한다. 훈련생들이 교역자의 속을 들여다볼 수 있도록 겉과 속이 한결같아야 하는 것이다. 이 투명함을 보여 주기 위해서는 교역자가 먼저 자신의 마음을 열어야 한다. 자신의 마음을 여는 순간부터 학생들의 마음도 열리게 된다.

　나는 학생들에게 나의 허물과 실패에 대해 말하기를 주저하지 않았다. 자랑보다는 겸손이 학생들의 마음을 더 열게 하고, 성공보다는 실패가 학생들과의 공감대를 빨리 형성하게 만들기 때문이다. 겸손의 모습은 실패에 대한 아주 진솔한 경험을 통해 훈련생들에게 전달되었다. 악동이었던 유년 시절, 방황했던 청소년 시절, 가난했던 대학 시절, 그리고 지금에 이르기까지의 과정 등을 나누면서 내가 먼저 마음을 열어 학생들에게 보여 주었다. 그리고 나 역시 하나님 앞에서는 똑같은 죄인이며 훈련생들과 다를 바가 없는 존재임을 고백했다. 그런 솔직한 고백은 마음을 통하게 만들어 주었다.

마음을 연 후에는 '나를 찾아서'라는 라이프 매핑(Life Mapping)을 작성해서 함께 나누었다. 그 내용은 다음과 같다.

### 나를 찾아서

지금 '나'는 어디에 서 있는지를 한 번쯤 생각해 보셨나요? 우리는 바쁘고 분주하다는 핑계로, 혹은 학업에 대한 스트레스로 인해 '나' 자신의 위치를 인식하지 않고 살아갑니다. 물론 그렇게 살아갈 수도 있습니다. 하지만 그러한 삶은 빠져나올 수 없는 미로에서 헤매는 삶과 똑같습니다. 내가 지금 어디에 있는지를 찾는 것은 매우 중요합니다. '나'의 현재 좌표를 알아야 과거의 자취를 알고, 앞으로 내가 어디를 향해 가야 할지를 알게 되니까요. 다음의 질문들은 '나'를 찾는 데 다소간 도움을 줄 것입니다. 성심 성의껏 작성해 보세요.

1. 지금까지의 삶을 몇 단계로 나누고 각 단계별 특징과 상황들을 기록하세요.
2. 자신이 존경하는 인물에 대해서 적고, 왜 그를 존경하는지 이유를 적으세요.
3. 기도해서 하나님의 인도하심을 경험한 사건에 대해서 적으세요.
4. 자신이 생각하는 자신의 삶에서의 가장 중요한 가치들에 대해 적으시고

왜 그것을 중요하게 생각하는지 적으세요.

5. 자신의 인생에서 가장 최고의 순간이었던 때를 적으세요.

6. 자신의 인생에서 가장 최악의 순간이었던 때를 적으세요.

7. 가족 관계에 대해 적으세요. 각 구성원들에 대해 묘사하고, 그들과의 구체적 관계를 적으세요. 그리고 가정의 경제적, 영적 상황을 자세히 묘사하세요.

8. 현재 자신과 가장 친한 관계에 있는 사람에 대해 적으세요.

9. 현재 자신과 가장 불편한 관계에 있는 사람에 대해 적으세요.

10. 이제까지 경험한 가장 자랑스러운 일을 적으세요.

11. 이제까지 경험한 가장 상처받은 일을 적으세요.

12. 자신의 강점이라고 생각하는 것들을 적으세요. (10가지 이상)

13. 자신이 남들과 비교해서 열등감을 느끼는 것이 무엇인지 적으세요. (5가지 이상)

14. 가장 인상 깊게 읽은 책을 적으세요. 왜 그렇게 인상 깊었는지도 적으세요.

15. 가장 인상 깊게 본 영화를 적으세요. 왜 그렇게 인상 깊었는지도 적으세요.

16. 술과 담배에 대한 당신의 태도는 어떻습니까? 개인적으로 음주, 흡연을 하고 있습니까? 한다면 그 이유와 하지 않는다면 그 이유를 적으세요.

17. 성경 인물 가운데 좋아하는 인물과 그 이유를 적으세요.

18. 가장 좋아하는 가수와 곡은 무엇인가요?

19. 가장 좋아하는 성경 구절은 무엇인가요? 그리고 그 이유는?

20. 가장 좋아하는 찬양곡은 무엇인가요? 그리고 그 이유는?
21. 처음 교회에 다니기 시작한 것은 언제부터인가요? 그리고 우리 교회는 어떻게 오게 되었나요?
22. 엄청난 스트레스를 받았을 때 어떻게 해소하나요?
23. 당신의 꿈은 무엇인가요? 그리고 그 꿈을 위해 준비해야 할 것은 무엇인가요?
24. 고등학교에 들어와서 최고의 성적을 받은 과목과 점수, 그리고 최하의 성적을 받은 과목과 점수를 적으세요.
25. 언제 예수님을 구주로 영접했나요?
26. 당신이 예수님을 구주로 믿고 있다는 것을 어떻게 증명할 수 있나요?
27. 예수님을 믿으면서 가장 '영적인 변화'를 경험했던 때가 언제인가요?
28. 자신의 성격 가운데 꼭 바꾸고 싶은 부분이 있다면 어떤 부분인가요?
29. 지금 이 시간, 하나님께 감사할 것 5가지를 적으세요.
30. 현재 하나님이 꼭 들어주셔야 하는 기도제목은 무엇인가요?

이렇게 라이프 매핑을 작성하는 것은 리더훈련에서 훈련생들의 팀워크가 중요하기 때문이다. 서로 관계 형성이 잘되어야 모두 함께 성공할 수 있다는 운명 공동체 의식을 공유해야 한다. 그러기 위해서는 자신을 개방하는 것이 필수적이다. 자신의 숨은 문제와 고민거리를 이야기하면 그것을 듣는 훈련생들은 나만의 고민이 아니라는 것에 공감대를 형성하게 된다. 이와 같은 공감대는 그 그룹의 분위기를 바꾸어놓고 결속력을 다지게 한다. 그렇기 때문에 첫 모임에서부터 될 수 있는 한 자신을 개방하여, 훈련생들이 서로 관계 형성이 되도록 해야 한다. 물론 마음을 열어놓는다고 해서 무엇이든 털어놓게 하는 것은 아니다. 하나님의 말씀에 비추어 자신의 연약함을 진정으로 고백하고 간증하는 것이다. 이러한 고백은 다른 사람을 끌어들이는 힘이 있어서 훈련 공동체의 화합을 공고하게 만들어준다. 이것을 간과하고 지나가게 되면 훈련이 진행될수록 훈련생들이 겉돌게 되고, 그 결과 훈련이 힘들어지게 된다. 속 깊은 이야기를 나누어야 서로를 이해할 수 있고, 깊은 기도와 격려도 해줄 수 있는 것이다.

그러고 나서 마무리에는 리더훈련을 받을 때의 주의 사항을 말해준다. 리더훈련 역시 제자훈련과 마찬가지로 꼭 지켜야 할 것들이 있다. 제자훈련의 주의 사항과 대부분 비슷한데, 리더훈련에서 특히 강조하는 것이 있다. 바로 교역자와 한마음 한뜻을 이루어 하나의 비전을 향해 나아가기 위해 교역자를 사랑하고, 신뢰하고, 열심히 기도해주는 것이다. 그런 이유로 제자훈련과는 다르게 언약서를 작성한다. 언약서는 교역자와 훈련생이 서로 최선을 다해 섬기며 훈련받을 것을 다짐하는 내용을 담고 있다. 두 부를 작성하여 훈련생과 교역자가 각각 한 부씩 보관하도록 한 다음 훈련을 마칠 때까지 이 언약서를 잘 지킬 수 있기를 간절히 기도한다.

# 언 약 서

1. 리더훈련 기간 동안 훈련생 ○○○은(는)

1) 교역자의 권위에 순종하며, 훈련시간에 지각이나 결석을 하지 않으며,

2) 예습, 큐티, 성경암송, 성경읽기, 독서물, 생활과제물 등의
과제물을 성실하게 감당하고

3) 훈련생 동료를 위해 하루에 한 번씩 기도하며,

4) 자신을 개방하고 훈련에 적극적으로 참여하며,

5) 훈련을 통해 배운 것을 삶 속에 반드시 적용하도록 한다.


2. 훈련교역자 ○○○은(는) 훈련생을 목숨을 걸고
끝까지 사랑으로 섬기며,

훈련생 ○○○을(를) 위하여 매일 기도하며,

훈련을 철저히 준비하여 양질의 훈련이 되도록 한다.


200   년   월   일


훈 련 생 :　　　　　(서명)

훈련교역자 :　　　　　(서명)

chapter: 14

리더훈련의 교육과정 3 :

# 진한 동지애를 배우는 훈련과정이 되게 하라

리더훈련 과정에서는 훈련생들 서로가 한 몸이라는 지체의식을 많이 강조하게 된다. 지체의식이라는 것은 서로가 서로를 위해 섬길 때 생기는 것이다. 지체의 각 부분이 다른 지체를 위해 섬길 때 온몸이 건강한 것처럼 훈련생 각각이 서로를 섬길 때 온전한 한 몸이 이루어지게 된다. 그리고 이러한 섬김의 관계가 확고해질수록 누군가를 섬길 수 있게 되리라는 것을 확신한다. 자신 스스로가 섬김을 경험하지 않고서는 그 누구도 섬길 수 없다는 말이다. 그래서 리더훈련의 과정 중에는 서로가 서로를 섬기지 않으면 안 되는 필수 과정들을 넣어 동지애를 발휘하게 했다. 이런 과정은 매주 모여 리더훈련을 하는 시간 외에 넣었는데, 이를 통해서 리더훈련생들 간의 끈끈한 믿음의 정과 동지애가 뿜어져 나올 수 있도록 했다. 이 과정을 3가지로 요약해 보면 다음과 같다.

첫 번째는 3인 1조 노방전도이다. 리더훈련 2주 후부터 3인 1조가 되어 노방에서 전도하게 하는 것이다. 전도서 4장 12절의 "한 사람이면 패하겠거니와 두 사람이면 맞설 수 있나니 세 겹 줄은 쉽게 끊어지지 아니하느니라"는 말씀대로 한다. 놀라운 것은 3명이 모일 때 힘이 된다는 것이다. 그리고 이 3명은 떼려야 뗄 수 없는 관계로 발전하게 된다. 3명 중에 1명은 중보기도를 하고, 2명은 전도대상자를 만나서 함께 전도하는데, 역할은 서로 돌아가면서 한다. 전도할 때는 한국대학생선교회에서 발행한 4영리를 젊은이들의 눈높이에 맞춘 P4U라는 전도지를 갖고 한다. P4U의 장점은 1페이지에서 10페이지까지 읽어만 주면 된다는 것이다. 물론 이렇게 읽어만 주는 것이 쉬운 일은 아니다. 10명 정도 접촉하면 겨우 1명 또는 2명의 사람만이 들어준다. 훈련생 1명이 서너 시간 동안 최소한 5명을 만나도록 한다. 이렇게 3인 1조의 노방전도는 훈련생들이 서로 같은 처지에서 전도해야만 하기에 서로에 대한 배려와 기도가 필수적이다. 이 과정을 통해 서로 끈끈하게 묶이고 소중함을 느끼게 된다. 한 영혼에게 복음을 전하는 것이 얼마나 어려운 것인가에 대한 공감이 이루어지면서 훈련생들의 마음이 하나가 되는 것을 보게 된다.

두 번째는 수련회에서 후배들을 맡아 조장으로 섬기게 하는 것이다. 수련회는 리더훈련생들이 앞으로 소그룹을 어떻게 이끌어갈 것인지에 대한 목양적 감각을 키워주는 좋은 기간이 된다. 물론 조장으로 섬기기 전에 리더훈련 시간을 통해 어떻게 후배들을 섬길 것인가를 분명하게 일러준다. 그리고 수련회 가기 전에 훈련생들끼리 모여 기도회를 갖는다. 사랑의교회 청소년부서 수련회에서는 조별 모임을 두 번 갖는데, 첫 모임은 새로 구성된 조원들과 '아이스 브레이킹(Ice Breaking)'을 통해 서로를 알아가고 기도제목을 나누며 수련회에 대한 기대감을 갖도록 하고, 두 번째 모임은 성경공부를 중심으로 진행된다. 이 외에도 집회 기간 동안 계속 조별로 움직이도록 하면서 소그룹을 이끌어가는 방법과 관계 맺기에 대한 경험을 하도록 한다. 그리고 조장이 된 훈련생들은 조원들이 하나님의 은혜를 체험하게 해달라고 수련회 기간 내내 기도한다. 실제로 후배들을 섬기게 되면 안타까운 마음으로 기도하지 않을 수 없다. 이런 과정을 통해 리더로서의 역량을 키워나가게 된다.

아울러 수련회 마지막 날 모든 순서를 마치고 리더훈련생들만의 특별한 밤을 갖는다. 이 시간에는 수련회 기간 동안 조원들을 섬기며 겪었던 희로애락의 경험을 나누게 한다. 동고동락의 시간을 함께 보내는 것처럼 서로를 하나로 묶어주는 것은 없다. 서로 간에 힘든 걸 이겨내고 잘 감당했다는 공감대가 형성되면서 '나' 혼자가 아닌 '우리'라는 공동체 정신을 공유하게 된다.

세 번째는 모두가 함께하는 산 기도이다. 70-80년대 기독 청소년들만 해도 산에서 기도하는 경우가 많았다. 그때 청소년들을 이끌었던 교역자들은 절박한 상황을 돌파하기 위해 필요한 것은 강한 영적 야성이라고 믿었고, 실제로 학생들은 그것으로 모든 어려움과 난관을 이겨나갔다. 하지만 지금의 학생들은 영적 야성하고는 너무 거리가 멀었다. 나는 적어도 학생 리더라면 영적 야성을 가져야 된다고 믿고 걱정 반, 기대 반으로 산 기도를 시도했다. 별빛이 반짝이는 밤, 영하의 추운 날씨 속에서 서너 명씩 그룹을 지어 함께 기도하기 시작했다. 처음에는 무서움과 낯섬 때문에 기도하기를 주저하던 학생들이 몇 분이 지나자 눈물을 흘리며 기도했고, 그 기도는 멈출 줄을 몰랐다. 나는 서로 부둥켜안고 눈물을 흘리며 뜨겁게 기도하는 학생들을 바라보며 하나님의 위대함을 발견했고, 이 땅을 위해 일하시는 하나님을 찬양할 수밖에 없었다. '산 기도'는 학생 리더들에게 기도의 시간이 얼마나 행복한 것인지를 깨닫게 해주었고, 담대함도 심어주었다. 이제 후배들을 섬기는 리더는 두려움의 자리가 아닌, 감사의 자리가 되었다. 이와 더불어 함께 리더훈련을 받은 학생들은 소중한 기도의 동역자로 하나가 되었다. 또한 리더훈련을 하면 할수록 하나님이 약한 자를 통해 하나님의 강함을 나타내시기를 기뻐하심을 깨닫게 되었다.

이렇게 영적 팀워크를 더욱 확고하게 해준 산 기도를 계기로 드디어 학생 리더의 모습을 온전히 갖추게 된다.

chapter: 15

리더훈련의 교육과정 4 :

# 리더훈련의 커리큘럼

리더훈련의 커리큘럼을 구성할 때는 옥한흠 목사님의 사역훈련 교재의 머리말에서 전체의 방향을 잡았다. 머리말에 나오는 '사역훈련'이라는 단어를 '리더훈련'으로 바꾸면 리더훈련의 목적과 정의가 분명해지는 것을 알 수 있었다. 그 머리말을 옮겨놓으면 다음과 같다.

리더훈련이란 제자훈련을 받은 사람 중에서 여러 가지로 보아 말씀을 가지고 다른 형제들을 섬길 수 있는 자들을 뽑아 특별히 준비시키는 과정이라고 할 수 있습니다. 제자훈련은 예수처럼 되게 하고, 예수처럼 살 수 있는 신앙인으로 세워주는 데 그 초점을 맞추고 있지만, 리더훈련은 교회 안에서 교역자의 지도 아래 말씀을 가지고 다른 형제를 섬길 수 있는 '작은 목사'를 만드는 데 그 목적을 두고 있다고 할 수 있습니다. 이것은 교역자의 분신(分身)이 되어 목회를 돕는 평신도 지도자를 발굴하는 대단히 중요한 의미를 지닌 일입니다.

말씀 사역에는 두려운 책임이 따릅니다. 조금이라도 성경 말씀을 잘못 해석하거나 가르치면 치명적인 손해를 끼칠 수 있는 것이 바로 말씀 사역입니다. 그러므로 남보다 더 많이 준비해야 합니다. 다른 한편으로는 말씀 사역을 잘할 때 그 무엇과도 바꿀 수 없는 보람과 기쁨을 얻을 수 있습니다. 죽었던 영혼이 살아나고, 병들었던 영혼이 새롭게 되며, 가난한 영혼이 하늘의 부요함을 맛보는 기적들이 말씀 사역에서 일어나기 때문입니다. 그러므로 이 일에 부름 받은 자는 남다른 준비와 노력을 해야 합니다.

리더훈련에 부름을 받은 사람은 부서지기 쉬운 질그릇에 지나지 않는 자기 자신을 귀한 사역에 불러주신 주님께 감사와 찬양을 돌려야 할 것입니다. 그리고 훈련을 받는 동안 더 큰 말씀의 은사를 달라고 기도해야 합니다. 동시에 성령의 영감을 갑절이나 받기를 사모해야 할 것입니다. 한 영혼을 사랑하는 마음이 불타야 하고, 어떤 사람이라도 포용할 수 있는 바다같이 넓은 마음을 얻어야 할 것입니다. 그리고 자신의 인격과 삶이 예수 그리스도를 닮아가기에 부족하지 않도록 바울처럼 부단히 자신을 쳐 복종시켜야 할 것입니다. 그래서 이사야 선지자가 오랫동안 꿈꾸어온 메시아 시대의 대장부들이 되어야 할 것입니다.

"네 백성이 다 의롭게 되어 영원히 땅을 차지하리니 그들은 내가 심은 가지요 내가 손으로 만든 것으로서 나의 영광을 나타낼 것인즉 그 작은 자가 천 명을 이루겠고 그 약한 자가 강국을 이룰 것이라 때가 되면 나 여호와가 속히 이루리라"(사 60:21-22).

리더훈련의 목적은 '작은 목사'를 만드는 데 있다. 말씀을 가지고 한 영혼, 한 영혼을 섬기고 돌보고 가르치는 '작은 목사'라는 직분을 청소년들은 거룩한 부담으로 느낄 수도 있다. 하지만 이사야 60장 21-22절 말씀을 믿고 나아가면 된다. 이는 사람의 힘으로는 할 수 없는 것이기에 하나님의 은혜가 필요하고 그 은혜를 믿음으로 해나갈 수 있는 것이다. 그래서 지금까지 리더훈련은 하나님의 은혜로 진행되고 있다.

커리큘럼을 생각하면서 어떻게 하면 청소년들이 '작은 목사'로서 자신의 몫을 감당할 수 있도록 도와줄 것인가가 가장 큰 화두였다. 그렇게 해서 두 가지를 고려하게 되었는데, 하나는 리더로서의 정체성을 확보해 주는 것이고, 다른 하나는 섬김의 리더십을 구체적으로 이해하고 최대한 발현하도록 만들어주는 것이었다. 특히 섬김의 리더십은 소그룹을 통해 나타나게 되는데 소그룹에 대한 이론과 실제를 통해 섬김의 대상과 방법을 체득하게 하고 실천하게 했다. 리더훈련 커리큘럼은 다음과 같다.

### 리더훈련 커리큘럼

| 차수 | 진도 | 큐티본문 | 성경암송 | 독서과제물 | 성경통독 | 활동 |
|---|---|---|---|---|---|---|
| 1 | 오리엔테이션 | | | | | |
| 2 | 왜 하필 나를? | | 롬 10:9-10<br>마 16:16 | 『그리스도인이 되는 길』<br>(존 스토트, IVP 소책자) | | |
| 3 | 리더,<br>그 자연스러움 | | 히 4:16<br>애 3:22-23 | 『나를 기뻐하시며<br>사랑하시는 하나님』<br>(룻 마이어즈, 네비게이토 소책자) | | |
| 4 | 고등부 수련회 | | | | | 사랑의교회<br>수양관<br>2박 3일 |
| 5 | 리더에게는<br>리더십이<br>필요하다 | | 시 1:1-2<br>시 119:105 | 『제자 삼는 삶의 동기력』<br>(짐 화이트,<br>네비게이토 소책자) | | |
| 6 | 섬기는 리더십의<br>비밀 | | 요 15:7<br>마 7:11 | 『성령충만』<br>(찰스 험멜, IVP 소책자) | | |
| 7 | 사역의 장<br>(소그룹)을<br>이해하라 | | 요 4:23<br>롬 12:1 | 『성령과 기질』<br>(팀 라헤이에, 생명의말씀사) | | |
| 8 | 리더반 수련회 | | | | | 사랑의교회<br>수양관<br>1박 2일 |
| 9 | 소그룹의 운영 | | 롬 1:16<br>딤후 3:16-17 | 『소그룹 운동과 교회 성장』<br>(론 니콜라스, IVP) | | |
| 10 | 소그룹 실습 | | 마 28:19-20<br>마 5:16 | 『삶을 변화시키는<br>소그룹 인도법』<br>(빌 도나휴, 국제제자훈련원) | | 암송시험 |

제자훈련과 마찬가지로 큐티, 성경암송, 독서과제물, 설교요약, 신앙일기, 성경읽기 등 과제물은 동일하다. 하지만 제자훈련과 차별되는 것이 두 가지가 있는데, 그중 하나가 바로 성경통독이다. 학생 리더들의 약점 가운데 하나가 성경에 대해 너무 모른다는 것이다. 성경

을 단 한 번도 제대로 일독해 보지 못한 학생이 대부분이다 보니 후배들을 섬길 때 성경에 대한 질문을 받으면 대답을 못하는 경우를 보게 되면서 리더훈련 커리큘럼에 성경통독을 넣게 되었다. 그런데 겨울방학 두 달여 동안 성경을 통독하는 것은 어렵기 때문에 『이야기 성경』(모퉁이돌출판사)을 읽게 한다. 쉽게 쓰여 있고 방학 동안에도 읽을 만한 분량이 되어서 성경통독에 안성맞춤이다.

그리고 제자훈련과 차별화되는 또 하나는 리더훈련의 최종관문인 소그룹 실습시간이다. 이는 훈련의 백미라 할 수 있는데, 사랑의교회 청소년 주일학교에서 예배가 끝난 후에 20-30여 분간 이루어진다. 예배가 길어지면 20분도 채 안 되는 시간 동안 모임을 갖기도 한다. 그래서 소그룹 공과를 짧은 시간에 다루기 위해서는 설교와 다른 내용으로 공과를 만들 수 없다. 하나의 포인트로 설교와 공과가 연결된다. 공과는 설교 내용을 중심으로 관찰 질문, 해석 질문, 적용 질문 등 5가지 안팎의 질문들로 이루어져 있다. 학생들이 귀로만 들은 말씀을 자신의 입으로 되새기며 마음속으로 결단하여 삶 속에 옮겨놓을 수 있도록 하자는 의도에서 만들어진 것이다. 다음은 여호수아 1:7-8의 본문으로 만들어진 공과이다.

**제목 : 가까운 기사, 먼 하나님의 말씀**

1. 다음 신문 기사를 읽어보세요.

   "로또 명당으로 유명한 충남 홍성 오관리 복권방에서 또다시 로또 1등 당첨자가 탄생했다. 로또 1등 당첨자 4명 가운데 1명(당첨금 29억 2,047

만 원)이 이곳에서 복권을 샀다. 이로써 이 복권방은 2년 만에 다섯 번째 1등 당첨자를 배출하는 진기록을 세웠다. 이곳 1등 당첨금 누적액만 228억 8,000만 원이나 된다. 이 복권방이 명당으로 알려지면서 최근 들어 단체 서해안 관광객들이 많이 찾게 되었으며, 복권방 한 주 판매액은 6,000–8,000만 원 선이다."

2. 로또 복권을 구입한 경험이 있습니까? 이 기사를 보고 그 복권방에서 로또를 구입하면 당첨이 될 것 같은 마음이 생기지 않습니까? 왜 그런 마음이 생길까요?

3. 오늘 설교 본문을 다시 한 번 읽어보세요.

"오직 강하고 극히 담대하여 나의 종 모세가 네게 명령한 그 율법을 다 지켜 행하고 우로나 좌로나 치우치지 말라 그리하면 어디로 가든지 형통하리니 이 율법책을 네 입에서 떠나지 말게 하며 주야로 그것을 묵상하여 그 안에 기록된 대로 다 지켜 행하라 그리하면 네 길이 평탄하게 될 것이며 네가 형통하리라"(수 1:7–8).

4. 당신은 진정으로 오늘 말씀을 믿어본 경험이 있습니까? 솔직히 이 말씀대로 율법을 지켜 행하면 형통하게 될 것 같은 마음이 듭니까?

5. 1번 문제의 신문 기사와 여호수아 1:7-8 말씀 중에 더 솔깃하게 들리는 것은 무엇입니까? 왜 내 마음에는 하나님의 말씀보다 신문 기사가 더 놀랍고 진실 되게 느껴지는지를 진솔하게 이야기해 보세요. 신문 기사보다 진리의 말씀에 더 귀를 기울이고 그대로 삶 속에 적용하기 위해 구체적으로 무엇을 먼저 해야 할지를 말하고 꼭 실천하도록 합시다.

교역자는 매월 첫째 주일에 교사 및 리더모임에서 소그룹 공과의 내용을 설명하고 진행방법을 알려준다. 그 외에는 학생 리더 자신이 그 내용을 자신의 것으로 소화해서 후배들과 함께 나눌 수 있어야 한다. 이때 소그룹 실습을 통해 좀 더 수월하게 자신의 역량을 키울 수 있다. 이 시간에는 리더와 후배의 역할을 분담하고, 실제처럼 소그룹 모임을 진행하게 한다. 그리고 조언자로서 리더 선배들이 와서 참관을 하도록 한다. 이렇게 하는 것은 소그룹 시간을 통해 리더의 핵심 사역인 말씀을 함께 나누며 그 말씀을 통해서 후배들에게 말씀의 능력을 체험하게 하는 중요한 시간이기 때문이다. 짧은 소그룹 시간을 밀도 있고 효과적으로 보내기 위해서는 그만한 영적 감각이 필요하다. 소그룹에서 은혜가 넘치지 않으면 우선 리더가 힘들고 함께하는 후배들도 어렵게 된다. 그렇기 때문에 소그룹 시간을 위한 훈련에 집중해야 한다. 실습을 참관하는 선배들과 동료들에게는 다음과 같은 평가서를 나누어주어 꼼꼼하게 기록하게 한다.

1. 리더의 인상은?

   ① 매우 좋다 ② 좋다 ③ 보통이다 ④ 좋지 않은 편이다

2. 음성은?

   ① 매우 좋다 ② 좋다 ③ 보통이다 ④ 좋지 않은 편이다

3. 발음의 명료성은?

   ① 매우 좋다 ② 좋다 ③ 보통이다 ④ 좋지 않은 편이다

4. 표현이나 구사력은?

   ① 매우 좋다 ② 좋다 ③ 보통이다 ④ 좋지 않은 편이다

5. 표준어를 사용하는 데 있어서는?

   ① 매우 좋다 ② 좋다 ③ 보통이다 ④ 좋지 않은 편이다

6. 태도나 매너는?

   ① 매우 좋다 ② 좋다 ③ 보통이다 ④ 좋지 않은 편이다

7. 리더가 그룹에 참석한 사람들을 바라보는 시선은?

   ① 자연스럽게 마주 본다

   ② 마주 보는 편이나 자연스럽지 못하다

   ③ 불필요한 것(허공, 교재)에 자주 눈을 돌린다

   ④ 고의로 눈을 피한다

8. 표정은?

   ① 편안하고 부드럽다

   ② 진지하고 근엄하다

   ③ 긴장되고 차갑다

   ④ 불만에 차 있고 조소 기가 있다

9. 기도를 인도하는 감화력은?

① 매우 좋다 ② 좋다 ③ 보통이다 ④ 약하다

10. 모임을 이끌어가는 자세는?

① 여유가 있어 보인다

② 긴장하고 있는 것 같다

③ 자신이 없어 보인다

④ 당황하고 있는 것 같다

11. 사람들의 관심을 집중시키는 능력은?

① 매우 좋다 ② 좋다 ③ 보통이다 ④ 약하다

12. 다른 사람의 이야기를 경청하는 태도는?

① 매우 좋다 ② 좋다 ③ 보통이다 ④ 약하다

13. 대화를 하는 방식은?

① 조용히 듣고 다른 형제에게 대답이나 보충 설명할 기회를 잘 주는 편이다

② 조용히 듣고 본인의 견해를 가지고 대답을 주로 하는 편이다

③ 조금 듣다가 다른 형제들에게 질문을 던지는 경우가 많은 편이다

④ 조금 듣다가 본인의 견해를 가지고 결론을 내려버리는 편이다

14. 일반적으로 유머 감각은?

① 많은 편이다

② 보통인 것 같다

③ 부족한 것 같다

④ 기대하기 어려운 것 같다

15. 교재 준비는?

① 매우 충실한 것 같다

② 충실한 편이다

③ 적당한 것 같다

④ 잘 모르겠다

16. 말씀을 가르치는 은사는?

① 대단히 많은 편이다

② 많은 편이다

③ 보통인 것 같다

④ 부족한 것 같다

17. 성경 본문의 주제나 핵심을 파악하여 이끌어주는 면은?

① 매우 좋다 ② 좋다 ③ 보통이다 ④ 부족한 것 같다

18. 질문을 사용하는 빈도나 시간은?

① 매우 적절하다 ② 적절한 편이다 ③ 보통이다 ④ 어색하다

19. 질문의 내용은?

① 매우 좋다 ② 좋다 ③ 보통이다 ④ 약하다

20. 본문의 내용을 개인의 생활에 적용하도록 이끌어가는 점은?

① 매우 좋다 ② 좋은 편이다 ③ 보통이다 ④ 부족하다

21. 모든 형제들이 함께 말씀을 나누도록 끌어들이는 능력은?

① 매우 좋다 ② 좋다 ③ 보통이다 ④ 부족하다

22. 형제 한 사람, 한 사람의 마음속에 담긴 생각을 이끌어내어 말하게 하는 기술은?

① 매우 좋다 ② 좋다 ③ 보통이다 ④ 부족한 편이다

23. 전체적으로 보아 리더의 친화력은?

① 큰 편이다 ② 평범한 편이다 ③ 모호한 편이다 ④ 부족하다

24. 대체로 전체 시간 운영은?

① 매우 잘되었다 ② 무난한 편이다 ③ 약간 쫓겼다 ④ 잘 못했다

25. 당신이 만일 리더와 허물이 없는 사이라면 특별히 어떤 점을 가지고 그를 칭찬하고 싶은가? 그 이유를 간단히 적으라.

26. 당신이 리더에 대해서 특별히 불만스럽게 생각한 것이 있다면 그 이유를 적으라.

27. 그 외에 리더에게 꼭 전해 주고 싶은 조언을 적으라.

평가서를 작성한 후 훈련생에게 평가한 것을 이야기해 준다. 평가를 받는다는 것은 그리 유쾌한 일은 아닐 것이다. 하지만 이를 통해 자신의 장점과 단점이 발견될 수 있는 좋은 기회로 삼을 수 있다. 발견된 장점은 장점대로 더욱 발전시키고, 단점은 잘 보완하여 후배들에게 유익으로 돌아가게 하는 것이 소그룹 실습의 취지이다. 리더훈련의 마지막 관문인 소그룹 실습에서 훈련생들은 다시 한 번 자신을 돌아보게 되고, 리더로서의 자질을 다지게 된다. 지금은 소그룹 실습할 때 한 가지를 더 추가해서 진행하고 있다. 훈련생들을 후배들의 반으로 보내어 직접 후배들을 대상으로 실습하게 하고, 함께 참석한 그 반 담임교사에게 평가서를 작성하게 하는 것이다. 이렇게 리더로 세움받은 후에 동일한 소그룹 현장에서 실습하면 더 실제적으로 자신의

장점과 단점을 파악하여 보완할 수 있는 이점이 있다.

리더훈련 커리큘럼은 강한 그리스도의 일꾼을 배출하도록 짜여 있다. 사병이 되기 위해 받는 훈련과 장교가 되기 위한 훈련은 집중도와 강도에 있어서 다르다. 리더훈련은 장교가 되기 위한 훈련이기에 강하게 진행된다. 실제로 심적 부담감 때문에 포기하는 훈련생들도 있다. 그리고 힘든 훈련을 다 마친 후에도 마지막 사정 작업을 통해 리더로서의 기준에 못 미치는 학생은 제외되기도 한다. 이 과정이 교역자인 내가 가장 마음 아프고 곤혹스러울 때이다. 하지만 리더훈련을 하기 전에 약속하고 다짐한 원칙이 있기에 그 원칙대로 밀고 나가야 한다. 정에 이끌리다 보면 아직 부족한 훈련생이 학생 리더가 되었을 때 자신은 물론 후배들도 고생하게 된다. 학생 리더는 영혼을 다루고 섬기는 위치에 있기에 리더의 기준에 맞는 훈련생들을 세워야 한다.

Part.4

청소년 제자훈련의
열매

chapter: 16

# 이제는 제자에서 동역자로!

우여곡절 끝에 2003년 3월에 드디어 8명의 학생 리더가 배출되었다. 어제까지는 제자였지만 이제는 함께 어깨를 마주하고 나아가는 사역의 동역자가 된 것이다. 나는 하나님이 이루신 그 감격적인 순간을 지금도 잊을 수가 없다. 청소년 사역을 해오면서 늘 마음속에 자리 잡았던 답답함을 시원케 해주신 것에 대해 감사 기도가 절로 나왔다. 또한 앞으로 이들을 통해 행하실 하나님의 놀라운 일이 사뭇 기대가 되었다.

이렇게 학생 리더에게 거는 기대도 있었지만 솔직히 기대만큼의 염려도 있었다. 아직 한 번도 해본 경험이 없는 사역이기에 교사들의 염려도 걱정이 되었지만, 무엇보다도 시급한 것은 학생 리더들이 맡는 반 학생들의 부모님들이 걱정이었다. 중학교에서 고등학교로 진학해 학업 부담이 큰 자녀를 교사가 아닌 선배 리더가 담당한다는 것에 대해 염려하지 않을 부모는 없을 것이다. 고1 시절에 신앙으로 바르게 지도하고 기도하고 제대로 섬겨주어야 영적인 힘을 얻어 학교나 가정생활을 잘 해나갈 텐데, 1년 위의 선배 리더가 어떻게 그 일을 잘 감당할 수 있겠는가라고 묻는다면 뭐라고 대답할 것인가. 나는 이에 대한 적절한 답을 갖고 있지 못했다. 큰 부담감을 안고 며칠을 고민하다가 결국 학기 초 반 편성을 한 후 학생 리더가 섬기는 반 학생들의 부모님들께 가정통신문을 띄웠다.

> 부모님께
>
> 하나님의 풍성한 은혜가 넘치길 기도합니다.
>
> 안녕하세요? 저는 고등 1, 2부를 담당하고 있는 김광석 목사입니다. 이렇게 글을 올리는 것은 귀 가정의 자녀가 고등부에 들어와서 편성된 반에 대한 이해를 구하고, 부모님께 기도를 부탁드리기 위해서입니다.
>
> 부모님의 자녀가 편성된 반은 고등부에서 학생 리더로 세움받은 고등학교 2학년 선배가 담당하고 있는 반입니다. 작년 한 해 동안 고등부에서는 제자훈련을 실시하고, 제자훈련을 수료한 학생 가운데 담당 교역자인 저와 인터뷰를 거쳐 선발하여 리더훈련을 실시했습니다. 리더훈련은 사랑의교회에서 순장으로 파송될 장년들을 대상으로 실시하고 있는 '사역훈련'을 청소년 수준에 맞춘 훈련입니다. 감사하게도 이 훈련을 수료한 학생들이 학생 리더로 세워지게 되었습니다. 학생 리더들은 교역자의 지도하에 후배들을 섬기

게 됩니다.

　학생 리더들이 후배들을 잘못된 방향으로 이끌고 가는 것은 아닌가 하는 염려는 놓으셔도 좋습니다. 제자훈련과 리더훈련을 통해 하나님을 향한 신실한 믿음이 검증된 학생들이고, 후배들을 진정으로 사랑하고 품어줄 수 있는 좋은 선배들이라고 자신 있게 말씀드립니다. 또한 학업에서도 뒤지지 않는 학생들을 하나님이 훈련받게 하셔서 후배들에게 공부와 관련해서도 좋은 안내자 역할을 할 것입니다. 물론 학생 리더들이 감당할 수 없는 깊이 있는 상담이나 고민들은 교역자가 직접 지도할 것입니다. 그럼에도 불구하고 자녀가 일반 담임교사의 반에 편성되기를 원하신다면 아래 신청서를 작성하셔서 보내주시면 즉각 다른 반으로 편성하도록 하겠습니다.

　자녀가 신앙교육을 받게 될 2년 동안 최선을 다해 고등 1, 2부를 섬기는 180여 명의 선생님들과 담당 교역자를 위해 기도와 관심을 부탁드립니다. 부모님이 하시는 일마다 하나님의 도우심이 있기를 기도합니다.

**반 재편성 신청서(학생 리더반→일반 교사반)**

이름　　　　　　　　/ 성별 남, 여 / 현 소속반

주소

연락처

　　　　　　　　사랑의교회 고등 1, 2부 담당 김광석 목사

부모님들께 가정통신문을 발송한 후 나는 초조한 마음으로 회신을 기다렸다. 그러다가 모든 부모님들이 재편성을 요구하고 나서면 어떡하나 하는 걱정이 앞서자 불안한 마음을 가눌 길이 없어서 주일이 되기 전에 부모님들께 일일이 전화를 드렸다. 그런데 놀라운 일이 생겼다. 부모님들이 전폭적인 지지를 보내주신 것이다. 어떤 부모님은 이 사역을 준비하면서 얼마나 많은 기도와 노력을 했겠냐고, 하나님의 인도하심이 있었을 것이니 믿고 따르겠다고 격려해 주셨다. 또 어떤 부모님은 자신의 아이가 고등부에 진급하여 첫 모임을 가졌는데 고등부 선배가 반을 담당하여 좋아했다고 말씀하시면서, 매우 긍정적이고 신선한 시도인 것 같다고 하셨다. 오히려 교회와 학교생활에 대한 선배의 자세한 조언과 안내가 아이에게 더 실질적인 도움이 되고 있다는 말씀도 덧붙이셨다. 부모님들의 반응이 이렇게 긍정적이자 나는 두려움을 벗어던지고 용기를 갖게 되었다. 모든 사람들의 마음이 하나가 되고 있으니 이 사역이 앞으로 튼실한 열매를 맺게 되리라는 희망이 보인 것이다.

동역자의 관점에서 볼 때 학생 리더들에게는 어른 교사에게는 없는 특별한 장점이 있다. 학기 초에 교사들이 반을 맡아 섬기면서 겪는 최고의 어려움은 학생들과의 관계 형성이다. 무표정, 무반응, 무감각한 청소년들의 닫힌 마음의 문을 열고 관계를 돈독히 쌓아가는 일은 말처럼 쉽지가 않다. 몇 달이 지나도 학생들과의 관계가 나아지지 않자 결국 자신의 자질을 탓하며 교사직을 사임하는 분들도 꽤 생겨났다. 그런데 이러한 난제를 학생 리더들은 금방 풀어버렸다. 단 한 번의 후배들과의 만남을 통해서도 관계 형성이 자연스럽게 이루어졌다. 같은 지역에 살고 있고, 같은 고등학생이라는 동질감이 주는 위력은 생각보다 대단한 것이었다. 관계 형성의 은사가 이미 학생 리더들 안에 내재되어 있는 것처럼 보였다. 그것은 하나님이 미약한 그들에게 허락하신 가장 값비싼 선물이었다.

반 목회에서 가장 중요한 것이 학생들과 한마음과 한뜻을 품는 관계 형성이다. '관계가 잘 형성되었다'는 것은 한마디로 '정(情)이 들었다'는 의미일 것이다. 한국 사람에게 있어서 정이라는 것은 독특한 것이다. 정이 오가는 사람들 사이에는 무엇인가를 주고받는 데 의심도 불신도 없다. 모든 것을 그냥 굳게 믿어준다. 이렇게 정이 오가는 속에서 선배가 말하는 한마디, 한마디가 후배들에게는 강력한 영향력으로 다가오게 된다. 특히 선배의 경험과 어우러진 하나님의 말씀의 능력은 배가 되어 더욱 강력하게 다가오고 후배들의 삶에 선한 영향력을 끼치는 것을 볼 수 있다.

이렇게 선후배 간에 돈독한 정, 믿음의 정이 쌓여 함께 행복해 하는 모습을 보며 1기 학생 리더의 반 모임은 성공적으로 진행되었다. 이들 덕분에 교사들의 염려도 사라졌고, 2기 리더훈련이 순탄히 시작되어 6명의 학생 리더가 더 배출되었다. 점점 훈련 사역이 탄력을 받기 시작했고 청소년부서에 활력이 넘쳐나게 되었다. 감사하게도 고등 1, 2부에서 사역했던 2007년 봄까지 모두 137명의 학생 리더들이 세워졌고 이들과 함께 행복한 사역을 했다.

학생 리더들이 세워짐에 따라 교사들의 섬김의 수고를 덜게 되는 결과도 낳았다. 학생 리더들로 인해 교사 1인당 감당해야 하는 학생 수가 줄어들게 된 것이다. 청소년부서의 교사 부족 현상은 어제오늘의 문제가 아니었다. 학기 말이 되면 기존에 교사로 봉사하는 선생님들이 사임하지 않도록 챙겨야 하는 일과 신입교사를 모집하는 일에 부서 전체가 몸살을 앓았다. 각 반마다 적정 인원을 배정하고 싶어도 교사 수급이 안 되어 그럴 형편이 못되었다. 많은 학생들을 관리하다 보니 점점 소홀해져서 학생들은 점점 예배에 빠지게 되었고, 교사들은 이런 결과가 자신의 자질 부족 같아 교사직을 그만두게 되는 악순환이 계속되었다.

그런데 학생 리더가 세워지고 부족한 교사 자리가 확보되면서 반마다 적정 인원이 배치되고 효율적이고 섬세한 섬김이 가능해졌다. 이렇게 되자 교사와 학생 모두가 만족스러워했다. 이 모습을 보면서 나는 교사와 학생 리더가 함께 동역하는 아름다운 곳에서 하나님이 베풀어주시는 사역의 기쁨을 마음껏 누렸다.

chapter: 17

# 약함을 통해 드러난 능력들

"나에게 이르시기를 내 은혜가 네게 족하도다 이는 내 능력이 약한 데서 온전하여짐이라 하신지라 그러므로 도리어 크게 기뻐함으로 나의 여러 약한 것들에 대하여 자랑하리니 이는 그리스도의 능력이 내게 머물게 하려 함이라"(고후 12:9).

청소년 제자훈련 사역을 하기 전에는 고린도후서의 이 말씀이 그저 바울 사도의 위대한 고백 정도로만 여겨졌다. 하지만 훈련 사역을 통해 이 말씀은 머리에서 가슴으로 전달되었고, 귀에서 눈으로 전달되어 다시금 환히 보이게 되었다. 바울 사도에게 국한된 말씀이 아닌 사역의 현장에서 지금도 이루어지고 있는 참 진리의 말씀임을 실감하게 된 것이다. 세상에서 제일 작고 약한 청소년들을 통해 하나님의 강한 능력이 드러나는 것을 보며 살아 계신 하나님을 찬양하지 않을 수 없었다. 실제로 교역자인 나보다 영적인 면이나 현실적인 면에서 훨씬 더 탁월한 학생 리더들도 많다.

학생 리더들은 다른 동료 학생들에 비해 공부할 시간이 부족하다. 방학 동안에는 하루에 2-3시간씩 훈련 과제물을 해야 하고, 주말에는 훈련을 받는 데 소요되는 시간이 적어도 3시간 이상 된다. 리더로 서임을 받고 나서는 매 주일마다 예배와 교사 모임을 포함하여 4시간씩 교회에서 시간을 보내야 한다. 이렇게 학업에 열중할 수 있는 시간이 턱없이 부족하니, 성적에도 영향을 미칠 수밖에 없을 것이다. 하지만 결과는 전혀 예상 밖이었다. 학생들의 성적은 훈련받기 전보다 더 올랐다. 나는 그 이유가 궁금해서 조사해 보았는데, 뜻밖에도 후배들 때문이라는 답을 듣게 되었다. 시험기간이 다가오면 후배들과 함께 기도제목을 나누게 되는데, 후배들의 간절한 기도가 힘이 되어 더 열심히 공부했다는 것이다. 시간은 부족하지만 놀라운 집중력으로 공부에 임해 시험 성적이 좋게 나타난 것이었다. 후배들 역시 선배들의 기도 후원을 받고 좋은 성적을 거두는 결과를 낳았다. 그야말로 선후배 간의 기도의 상승작용이 신앙과 학업이라는 두 마리 토끼를 잡게 해주었다. 세상은 하나에만 집중해야 잡을 수 있다고 하지만 하나님의 은혜로 두 마리 토끼를 놓치지 않고 잡을 수 있었던 것이다.

여기서 또 한 가지 놀라운 사실은 학생 리더들의 기도가 변화되었다는 것이다. 이전에는 한번 기도하면 10분을 넘기기가 어려웠는데, 이제는 30분도 훌쩍 넘긴다고 한다. 자신과 가족들을 위해 기도하다가 이제는 섬기는 후배들을 위해서도 기도하다 보니 자연스럽게 기도

시간이 늘어난 것이다. 먼저 후배들의 영혼을 위해 기도하고 그 다음에 현실적인 삶을 위해 기도한다. 특히 아직 구원의 확신이 없는 후배를 위해서는 더 간절히 기도한다. 구원은 사람에서 비롯되는 것이 아니라 하나님으로부터 말미암는 것이기 때문이다. 이때에는 모세의 기도를 따라 하도록 했다. 출애굽기 32장을 보면 이스라엘 백성들이 모세가 시내산에 올라간 후에 금송아지 형상을 만들어 숭배하는 내용이 나온다. 이에 하나님이 진노하시고 이스라엘 백성들을 진멸하려고 하실 때 모세가 이스라엘 백성을 위해 기도한다.

"모세가 여호와께로 다시 나아가 여짜오되 슬프도소이다 이 백성이 자기들을 위하여 금 신을 만들었사오니 큰 죄를 범하였나이다 그러나 이제 그들의 죄를 사하시옵소서 그렇지 아니하시오면 원하건대 주께서 기록하신 책에서 내 이름을 지워버려 주옵소서"
(출 32:31-32).

학생 리더들은 모세의 기도를 그대로 마음으로 받는다. 그리고 사랑하는 후배가 구원을 받을 수만 있다면, 자신의 이름은 주께서 기록하신 책에서 지워버려도 좋다는 간절한 마음으로 기도를 올린다. 이렇게 기도하는 선배의 간구를 하나님은 외면하지 않으셨다. 선배도 살리고 후배도 살려주셔서 모두를 함께 세워주시는 하나님을 여러 번 체험했다.

한 영혼을 말씀으로 섬기는 사역을 하면서 학생 리더들의 믿음의 역량도 더욱 강해졌다. 말씀을 가르쳐야 하기 때문에 성경을 더 많이 읽게 되고, 말씀묵상을 하는 시간도 더 깊어졌다. 학생 리더의 영적 수준이 높아지자 학생 리더들은 섬김을 받을 때보다 섬길 때 배우는 것이 많고 하나님의 은혜를 더 많이 깨닫게 된다고 말한다. 이렇게 후배들을 뜨겁게 사랑하는 곳에는 하나님의 강렬한 은혜가 임하고 그 은혜는 부흥으로 연결된다.

청소년 사역자들이 힘들어하고 신경 쓰는 것 중의 하나가 시험기간 동안의 주일예배 출석률이다. 시험기간 동안에는 청소년부서의 예배 출석률이 매우 저조하다. 교회의 중직을 담당하고 있는 부모님들조차 자녀에게 시험기간에는 교회 가지 말고 공부하라고 할 정도이니, 교역자들이 '시험의 능력이 성령의 능력보다 세다' 고 푸념하는 것은 당연했다. 이렇게 학업 앞에 신앙생활의 기본이 무너지는 현실이 학생 리더들에게는 어떠했을까? 놀랍게도 학생 리더들이 섬기는 반 학생들의 출석률은 시험기간에도 변함이 없었다. 리더 선배들도 똑같이 시험기간인데도 불구하고 예배에 참석해서 자신을 기다리고 있는데 도저히 양심상 결석할 수 없었던 것이다. 그래서 평일에 열심히 공부하고 주일예배에 꼭 참석하게 되었다. 리더들이 후배들에게 좋은 본이 되고 후배들도 리더들을 따라 그대로 실천하는 모습을 지켜보면서 나는 이것이 부흥이라고 믿었다. 학생 리더들의 열정이 있는 곳에 하나님의 은혜가 임하고 그 은혜가 부흥을 일으킨 것이다.

이러한 리더 선배들의 섬김은 좋은 역할모델이 된다. 리더 선배들은 후배들에게 영향을 끼치고, 섬김을 받은 후배들은 학생 리더가 되기를 소망한다. 후배들이 선배들과 동일한 섬김의 길을 가게 되는 역사가 일어나는 것이다. 다음은 학생 리더로 사역했던 이건화라는 학생의 글이다.

제 인생에 가장 큰 영향을 미쳤던 사건 가운데 하나가 사랑의교회를 다니던 중에 리더 언니를 만난 일입니다. 저는 7살 때부터 지금까지 사랑의교회를 다니고 있습니다. 처음엔 아무것도 모르고 엄마 손에 이끌려 교회에 나왔고, 워낙 큰 교회이고 사람도 많다 보니 1년 동안 같은 반이었던 친구들도 그 다음해에는 못 보는 경우가 많았습니다. 그래서 친한 친구 한 명 없이 그저 형식적으로 예배에 출석만 했습니다. 그러다가 중3 때, 적극적인 선생님을 만나 반 친구들끼리 놀이공원도 함께 가고 1박 2일로 선생님 댁에 놀러가는 등 여러 활동을 하면서 그 어느 때보다 친구들과 많이 친해졌습니다. 그리고 중등부 수료 예배를 두 달 남기고 겨울수련회를 처음으로 참석하게 되었습니다. 이전에는 여름수련회는 한 번도 빠지지 않고 참석했지만, 겨울수련회는 참석하는 아이들도 많지 않고 야외에서 하는 활동도 거의 없어서 한 번도 참석하지 않았습니다. 그런데 같은 반 친구들 모두가 참석한다기에 1년 동안 친해진 친구들과 함께하는 마지막 순간이라 생각되어 겨울수련회에 가게 된 것입니다.

그때 그 수련회는 중3, 고1, 고2학년 연합수련회였습니다. 지금까지 늘 선생님께 배웠는데, 그 수련회의 조장은 선생님이 아닌, 저보다 한 살 많은 리더 언니였습니다. 처음에는 '언니한테 뭘 배우나, 그냥 수다만 떨고 가야지'라고 생각했는데, 언니가 저희 반 친구들을 헌신적으로 섬기는 모습에 깜짝 놀랐습니다. 한 명, 한 명 소홀히 하지 않고 매 순간 챙겨주며, 집회 시간에 한 명씩 붙들고 마음을 다하여 눈물로 기도해 주고 사랑으로 섬기는 모습을 보면서, 저도 언니처럼 누군가를 위해 사랑으로 섬기고 싶다는 생각이 간절히 들었습니다. 이렇게 리더 언니에게 영향을 받아 고1이 된 후 여름방학 때 제자훈련을 열심으로 하게 되었고, 겨울방학 동안에는 리더훈련을 받았습니다. 그리고 2학년이 되어서 학생 리더로 서임을 받고 이제 제가 후배들을 섬기게 되었습니다. 저를 섬겼던 리더 언니처럼 저도 최선을 다해 후배들을 위해 눈물로 기도하고 헌신하며 섬길 것입니다.

학생 리더를 통해 자신도 그렇게 살겠다는 결심을 하는 후배들이 점점 늘어났다. 학생 리더들은 자신을 따라오는 후배들을 보며 보람을 느꼈고, 후배들은 선배 리더를 역할모델로 삼아 훈련에 참여하면서 훈련 사역의 선순환이 자연스럽게 형성되었다. 학생 리더가 섬긴 후배들이 제자훈련과 리더훈련에 지원하는 비율이 높아졌고, 훈련을 마친 후 학생 리더로 서임받아 또 다른 후배들을 섬기는 사역의 아름다운 계승이 지금까지 계속 이어지고 있다. 여러 제약 속에서 감당하는 학생 리더의 활동은 오히려 후배들에게 감동으로 다가갔고, '약함의 리더십'의 영향력이 오히려 강함을 나타내는 결과를 낳았다.

chapter: 18

# 학교를 향해 전진하는 학생 리더

몇 년 전 교회에서 '내 믿음의 전성기를 주옵소서'라는 주제로 40일 특별 새벽부흥회를 가진 적이 있었다. 40일 동안 매일 새벽마다 수천 명의 성도들이 함께 모여 기도하고 찬양하고 말씀을 듣는 행복한 시간을 가지면서 사회적으로도 큰 반향을 일으켰다. 새벽부흥회에 나오는 성도들은 성령 충만한 모습에 스스로 감격했고, 청소년들도 부모님과 함께 참석하며 하늘의 은혜를 맛보았다. 꿈같은 특별 새벽부흥회가 마무리될 즈음 나는 문득 이런 생각이 들었다. 청, 장년들은 새벽부흥회, 수요예배, 금요기도회를 비롯해 교회에서 실시하는 여러 양육 프로그램을 통해 영적 근력과 힘을 얻는데, 청소년들은 교회에 오는 날이 주일예배 한 번뿐이라는 것이었다. 그렇지만 평일에 교회 모임을 진행하는 것은 여의치 않았다. 그래서 생각한 것이 학생들이 교회로 오기 힘들다면 교회가 학생들에게로 가자는 것이었다. 일주일에 한 번씩 점심시간마다 기도모임을 갖는 것이 었는데, 함께 모여 자신과 학교와 나라를 위해 간절히 기도한다면 분명히 학생들도 하나님의 크신 은혜를 체험하며 즐겁게 학교생활을 해 나갈 수 있으리라는 확신이 생겼다.

그런데 여기서 두 가지 문제가 발생했다. 하나는 과연 학생들이 기도모임에 잘 나올 것인가 하는 것이었고, 또 하나는 기도모임 장소였다. 모임 장소가 일정하지 않다면 응집력이 약해질 것이고 지속적인 모임이 되기 어려울 것이기 때문이다. 감사하게도 이런 문제를 해결할 수 있도록 도와준 것은 학생 리더들이었다. 우선 리더들이 속한 학교를 중심으로 학교 기도모임을 시작했다. 심지어 교역자가 없을 때에는 자신들이 직접 기도모임을 이끌어가는 헌신을 보여 주었다. 학생들은 담당 목사가 자신들이 다니는 학교에 와서 기도모임을 가지는 것에 대해 뜨거운 반응을 보였다. 점심시간에 많은 학생들이 모였고, 학교 운동장 벤치에 앉아 찬양하고 말씀 보고 기도를 했다. 이런 학교 기도모임을 알게 된 어떤 학생 리더의 어머니가 학교에 잘 말씀드려 주어서 작고 아담한 기도모임 공간을 제공받기도 했다.

처음에는 3-4개의 학교에서 시작했는데, 학생들의 요청이 쇄도해 평일 점심시간을 비롯해 방과 후까지 10여 개 이상의 학교를 다니면서 기도모임을 진행했다. 이렇게 될 수 있었던 것은 전적으로 학생 리더의 헌신이 있었기 때문이다. 학교 기도모임이 활성화되면서 나는 일일이 학교를 찾아다니는 것이 벅차게 되었다. 상황이 이렇게 되자 한 학생 리더가 자신의 학교에서 자발적으로 기도모임을 갖기 시작했다. 쉬는 시간에 교실을 돌며 기도모임에 대해 홍보하고, 동급생과 후배들의 참석을 독려했다. 이런 열심으로 시작된 기도모임은 한 학기가 끝날 무렵 10명 이상의 학생들이 모였다. 점점 늘어나는 학생들 때문에 급기야 조장을 세웠고, 조별 기도모임 후 전체의 공동 기도제목을 놓고 기도회를 갖기도 했다. 학생 리더가 졸업할 즈음에는 기도모임의 규모가 100여 명의 학생들로 커졌다. 학생 리더 한 명의 헌신이 영적으로 황무한 학교에서 하나님을 높이고, 학교와 민족을 위해 기도하는 영적 모임으로 발전한 것이다. 다음은 이 학교 기도모임에 참석했던 어떤 학생이 전해 준 글이다. 이 글을 통해 우리는 기도모임의 소중함을 다시 한 번 깨닫게 된다.

처음 이 학교에 와서 적응을 잘할지 걱정했을 때 학교에 기도모임이 있다는 것을 알았습니다. 그리고 기도모임에 참여하면서 하나님이 이 학교에 저를 보내신 이유가 있다는 것을 알았습니다. 정말이지 우리 학교에 기도모임이 있다는 것이 얼마나 감사한지 모르겠습니다. 교회에서만 하나님을 찾는 것이 아니라 학교에서도 은혜 속에서 생활할 수 있어서 감사합니다.

이렇게 학교에서 갖는 기도모임은 점점 늘어났고, 심지어는 불교재단이 세운 학교에서도 기도모임이 생겨났다. 원래 기독학생이 배정될 수 없는 학교였지만, 학생 수가 적은 관계로 기독학생을 받게 된 것이었는데, 그 안에서 기독학생들이 비공개적으로 기도모임을 시작한 것이다. 점심시간에는 기도모임 장소가 없어서 방과 후에 교실에서 모임을 갖기도 했다. 조용히 찬양을 하며 학교에 예수님을 알아가는 선생님과 학생들이 많아지기를 기도했다. 이렇게 꿋꿋이 기도모임을 하는 동안 하나님이 그 학생들의 기도를 들으시고 은혜를 베풀어 주셨다. 불교 재단인 학교에서 정식으로 기도모임을 허락해 준 것이었다. 이제는 점심시간에 당당히 모여 공식적인 기도모임을 하고 있다. 참으로 감사하고 감격적인 일이 아닐 수 없다.

이렇게 시작한 학교 기도모임은 사랑의교회를 넘어 인근 교회들과 연대해서 진행하고 있다. 이를 위해 '다음 세대를 위한 부흥 연대'라는 연합체도 구성하였다. 각각의 교회에서 담당할 학교를 정하여, 그 학교에 있는 '다음 세대를 위한 부흥 연대'에 소속된 교회의 학생들이 함께 모여 기도모임을 갖는다. 그리고 학기가 시작되기 전에 1년에 두 번씩 '다음 세대를 위한 부흥 연대'에 속한 교회의 학생들을 위해 리더십 컨퍼런스를 개최하고 학교 기도모임을 위한 공동체 의식을 형성하는 시간을 갖고 있다. 이렇게 되기까지는 학생 리더들과 그들의 희생과 헌신이 있었기에 가능한 것이었다. 이들의 헌신을 하나님이 헛되이 만들지 않으실 줄 확신한다.

학생 리더들과 동역하면 할수록 그들의 무한한 역량에 경이로움을 갖게 된다. 입시의 전쟁터인 학교가 머지않아 학생 리더들이 헌신하는 기도모임을 통해 사랑의 공동체로 변화되는 모습을 꿈꾸어본다. 이 꿈은 꿈으로 끝나지 않고 반드시 현실로 나타날 것이다.

chapter: 19

# 학생 리더
# 이렇게 도우라!

청소년들은 변화무쌍하다. 어떤 때는 무반응을 보이다가 어떤 때는 감정의 큰 기복을 나타내기도 한다. 학업에 대한 스트레스로 인해 언제 어디로 튈지 예측불허일 때가 많다. 이런 청소년들을 섬기다 보면 영적으로 탈진되기가 쉽다. 그래서 청소년부서를 섬기는 것이 어렵고 힘들다는 소문이 퍼져서 청소년부서의 교사는 늘 부족했다. 학생 리더들도 예외는 아니다. 아무리 같은 문화, 같은 시기, 같은 환경을 공유하고 있어서 여러 이점이 있다 할지라도 섬김의 대상은 질풍노도의 시기에 있는 청소년들이기에 그들 또한 어렵기는 마찬가지이다. 그렇기 때문에 학생 리더들을 영적으로 아주 적절히 도와주어야 한다. 이들을 위한 영적 도움으로 세 가지를 말해 보면 다음과 같다.

첫 번째, 학생 리더들을 섬기는 교사를 세우는 것이다. 교역자인 나는 아무래도 부서 전체를 섬기다 보니 세심하게 학생 리더들을 돌보기가 녹록하지 않았다. 그래서 학생들과 호흡이 잘 맞고 사랑으로 섬길 수 있는 선생님을 학생 리더의 담임교사로 세웠다. 특히 제자훈련을 했던 교사들에게 이 역할을 맡겼는데, 아무래도 제자훈련을 하면서 학생들과 함께 동고동락을 했고, 훈련 사역의 비전에 대한 공감대가 분명하기 때문이었다. 리더반 담임교사는 4-5명의 학생 리더만 섬기게 했다. 소수의 학생 리더에게 양질의 돌봄과 섬김을 할 수 있도록 한 것이다. 그 이유는 학생 리더의 사역을 진정으로 도와주는 것이 학생 리더가 섬기는 후배들에게도 큰 유익이 되기 때문이었다. 이렇듯 고등부에서 학생 리더 담임교사는 가장 중요한 역할을 하고 있다고 해도 과언이 아니다.

학생 리더반 모임은 매 주일 예배 후에 있다. 학생 리더들은 자신의 담임교사와 점심식사를 하며 식탁 교제를 반드시 갖게 한다. 점심을 같이하면서 동료 학생 리더들과 더 가까워지고 선생님과도 허물없는 만남을 갖는다. 그리고 반드시 1시간 30분 동안 선생님과 함께 성경공부를 한다. 이 시간 동안에는 성경공부를 통해 선생님께 격려받고, 영적으로 재충전하며, 자신이 섬기는 후배들에 대한 상담도 할 수 있다. 이렇게 학생 리더와 여러 이야기들을 나눈 리더반 담임교사는 교역자에게 허심탄회하게 이야기를 전하기 때문에 교역자는 항상 학생 리더의 상황을 파악하고 있으며, 학생 리더가 영적으로 지치는 것을 사전에 예방하고 도와주게 된다.

두 번째, 매 분기마다 1박 2일로 가는 '학생 리더 리트릿(Retreat)'도 학생 리더를 영적으로 돕는 데 빼놓을 수 없는 것이다. 2월, 5월, 8월, 11월에 주말을 이용해서 다녀오는데, 이 시간 동안 함께 먹고, 함께 기도하고, 함께 말씀을 나누고, 한 지붕 아래에서 함께 자면서 영적으로 재충전하게 된다. 재충전하는 데 중요한 것은 한 영혼을 향한 열정과 비전을 회복할 수 있도록 말씀을 나누고 이 영혼을 위해 헌신하는 학생 리더들의 자긍심을 일깨워주는 것이다. 나는 에베소서 4:11-12 말씀을 함께 나눌 때 큰 힘을 얻는 경험을 했다. 말씀을 보면 "그가 어떤 사람은 사도로, 어떤 사람은 선지자로, 어떤 사람은 복음 전하는 자로, 어떤 사람은 목사와 교사로 삼으셨으니 이는 성도를 온전하게 하여 봉사의 일을 하게 하며 그리스도의 몸을 세우려 하심이라"고 되어 있다. 이 말씀을 통해 학생 리더는 교사와 같은 사명을 가지고 있음을 발견하게 된다. 그 사명은 후배들을 온전하게 하고, 봉사의 일을 하게 하여 그리스도의 몸을 세우는 것이다. 그것이 리더의 사명이다. 그런데 그리스도의 몸은 무엇인가? 바로 교회이다. 결국 교회를 세우는 영광스러운 사명을 바로 학생 리더의 손에 맡기신 셈이다. 학생 리더들이 후배들의 영혼을 온전하게 하여 그들로 하여금 봉사하게 하면 그 자체로 교회가 세워지는 것이다. 후배를 온전하게 만들기 위해서는 훈련을 권면하거나 리더가 본을 보여 동기부여를 해주어야 한다. 그래서 후배들이 훈련을 받도록 독려하고 이끌어주어야 하는 것이다. 이 일이 계속 이어져서 영혼을 섬기게 되면 그리스도의 몸, 즉 교회가 세워지게 된다. 다시 말해 학생 리더는 교회를 세우는 영광스런 사명을 가진 작은 목사이다. 학생 리더는 아무나 할 수 없는 존귀한 직분이다.

학생 리더 리트릿에서 또 하나 해야 할 것은 학생 리더들 간의 관계를 돈독히 하기 위한 공동체 프로그램을 진행하는 것이다. 위로부터 오는 은혜의 힘과 아울러 옆으로부터 오는 우정의 힘도 놓쳐서는 안 된다. 함께 동역하는 동역자들로부터 생각보다 많은 힘을 얻는다. 서로의 사정과 형편을 너무도 잘 알기 때문에 동병상련, 인지상정의 정이 오가게 되는 것이다. 그래서 리더훈련을 할 때 실시했던 '산 기도'는 물론이거니와 MBTI 성격유형검사를 통해서도 서로 잘 알아가도록 도와주고, 즐거운 공동체 게임도 하며 동일한 비전을 품고 함께 가는 사랑의 공동체가 있다는 것을 다시금 확인시켜준다. 특히 밤늦도록 함께 모여 진솔하게 대화하는 시간도 마련해 준다. 그러면 먼동이 틀 때까지 섬김에 대한 고민, 학업과 진로에 대한 기도제목, 후배들의 이야기, 그동안 힘들었던 이야기들을 모두 다 꺼내놓는다. 리더들은 마음속에 품었던 이야기들을 다 털어놓으면서 카타르시스(Catharsis)를 경험하게 된다. 말하고 싶었던 것을 속 시원히 말할 수 있게 되면 영적 안정과 평안이 빨리 회복되는 것이다.

마지막으로, 지쳐 있는 학생 리더에게 영적 도움을 주기 위해서는 격려와 힘이 되는 교역자와의 만남이 이루어져야 한다. 그러한 감동을 주기 위해 교역자의 희생은 필수이다. 나 같은 경우는 학생 리더의 학교를 직접 찾아가서 휴식시간에 잠깐 만나 간식을 나눠 먹으며 짧게 기도해 준다. 그리고 격려의 말을 남기고 돌아온다. 이 시간은 단 10분 정도밖에 되지 않는다. 이 일을 하면서 나는 1시간 이상 되는 거리에 있는 학교까지 찾아갔다. 가서 아주 짧은 시간 동안 학생 리더를 보고 오는 것이지만, 그 시간이 학생들에게 얼마나 큰 용기와 힘을 주는지 알기에 전혀 힘들지가 않다. 학생들은 교역자의 관심과 기도로 인해 영적 안정감을 갖고 더 열심히 리더의 역할을 감당할 수 있게 된다.

늘 명심해야 할 것은 학생 리더들과는 언제나 탁월한 파트너십이 유지될 수 있도록 해야 한다는 것이다. 시간이 지날수록 제자훈련 사역은 훈련을 하는 기간뿐만 아니라 훈련을 마친 이후 학생 리더로 서임받은 학생들을 돕는 것도 중요하다는 것을 깨닫게 된다.

chapter: 20

# 중등부에서도
# 학생 리더가 세워지다

드디어 2008년에 중등부에도 학생 리더가 세워졌다. 중등부 학생 리더는 고등부 학생 리더와는 달리 신입반을 섬기는 사역을 한다. 교회에 처음 나온 저학년 신입생들을 맡아서 등반하기까지 섬기고 돌봐주는 것이다. 이렇게 고등부뿐만 아니라 중등부에서도 학생 리더가 세워졌다는 것은 하나님이 그만큼 이 시대를 향해 각별한 애정을 품고 계시다는 것이라고 말할 수 있다. 중등부 학생들을 리더로 세우시고 그들을 통해 일을 행하고자 하시는 하나님의 열심을 볼 수 있는 것이다. 이처럼 하나님은 이 땅을 그대로 두지 않으시고 어떻게 해서든지 회복시키고 고쳐나가고자 하시는 바람이 있으신 것이다.

실제로 2007년까지만 해도 사랑의교회 중등부는 중등1, 2부와 중등3부, 이렇게 2개의 부서로 나누어져 있었다. 학년별로 2개의 부서로 나누어진 결과 중학교 3학년 학생들이 리더십을 가지고 후배들을 섬기기가 어려웠다. 하지만 2008년부터 오정현 담임목사님의 전폭적인 지원으로 중등부를 학교를 기준으로 해서 3개 부서로 개편하게 되었다. 중등1부, 중등2부, 중등3부로 나누었는데 각각의 부서에는 1, 2, 3학년 학생들이 모두 포함되어 있다. 물론 이렇게 부서 개편을 하게 된 가장 결정적인 이유는 중등부 역시 제자훈련 사역을 핵심사역으로 두고자 함이었다. 학년별로 나누게 되면 훈련 사역이 제대로 될 수 없기 때문이다. 훈련을 받은 선배의 리더십은 학년별로 단절된 부서에서는 발휘하기가 어렵다. 이제는 3개의 중등부가 같은 마음과 비전을 품고 제자훈련 사역을 진행하고 있다.

중등부 제자훈련은 먼저 중학교 1학년 학생들을 대상으로 하는 제자학교로부터 시작된다. 제자학교는 봄과 가을학기로 동일한 내용을 두 번에 걸쳐 진행한다. 제자학교를 수료해야 중2로 올라가서 여름방학 동안의 제자훈련과 겨울방학 동안의 리더훈련을 받을 수 있다. 제자학교는 7주 동안 토요일에 2시간씩 진행하는데, 주제 강의를 한 후에 소그룹으로 모여 강의 내용을 나누는 방법으로 하고 있다. 제자학교의 목적은 중학교에 입학해서 학교생활에 적응하느라 흔들릴 수 있는 학생들의 믿음의 기초를 다시 한 번 바로잡아주고, 이제는 어린이가 아닌 청소년으로서 한층 성숙된 믿음을 가질 수 있도록 도와주기 위한 것이다. 아울러 중학교 2학년에서 받게 될 제자훈련에 대해 사모하는 마음을 갖도록 해주기 위한 것이기도 하다.

중등부 제자훈련의 대상은 제자학교를 수료한 2학년 학생들만으로 제한한다. 제자훈련은 여름방학이 시작될 때부터 개강하여 9월 초까지 11주 동안 진행된다. 고등부 제자훈련과 연계하여 진행하고자 2008년부터 중등부 제자훈련 커리큘럼이 대폭 개편되었다. 개편된 커리큘럼은 다음과 같다.

| 차수 | 진도 | 큐티본문 | 성경암송 | 독서과제물 | 생활과제물 |
|---|---|---|---|---|---|
| 1 | 개강예배 및 오리엔테이션 | | | | |
| 2 | 나는 구원 받았나요? | 눅 5:1-11 '베드로와 예수님의 만남' | 요 1:12-13 | 『오직 한 길』 (브리안 메이든, IVP) | 간증문 작성 |
| 3 | 내가 만난 예수님을 고백해요 | 창 29:10-22 '야곱이 하나님으로부터 받은 은혜' | 마 16:16 | | 자신의 간증문을 다른 사람들에게 읽어주기 |
| 4 | 하나님과 매일 만나는 생활 | 사 6:1-13 '이사야의 경건시간' | 히 4:16 | 『하나님의 음성을 듣는 법』 (빌 하이벨스, IVP) | 매일 읽는 성경 정리, 체크, 하나님과의 교제시간 정리 |
| 5 | 경건의 시간 | 마 13:1-23 '씨 뿌리는 자의 비유' | 시 119:105 | | 큐티 가운데 한 주간의 '행함(Acting)' 적용 체크 |
| 6 | 하나님의 말씀 : 성경 | 마 20:17-28 '바른 기도란 무엇인가?' | 딤후 3:16 | | 하나님 말씀에 얼마나 순종했는지 기록 |
| 7 | 무엇이 바른 기도인가요? | 왕상 18:41-46 '엘리야의 기도 응답' | 빌 4:6-7 | 『당신의 기도가 응답받지 못하는 이유를 아십니까?』 (워런 W.위어스비, 나침반) | 기도제목을 적고, 응답된 것을 구체적으로 기록 |
| 8 | 기도와 응답 | 삼상 15:10-23 '사울 왕의 불순종' | 요 15:7 | | 기도 응답을 기록하여 나눔 |
| 9 | 참된 예배 | 요 4:20-26 '진정한 예배란?' | 요 4:24 | | 자신의 예배 모습 점검, 기록하여 발표 |
| 10 | 믿음의 친구와의 교제 | 요일 4:7-12 '그리스도 안에서의 교제' | 요 13:34 | | 믿음의 친구와 나누는 교제를 기록하여 발표 |
| 11 | 하나님의 비전을 품으라 | 느 1:1-11 '느헤미야의 비전' | 엡 2:10 | 『꿈과 믿음이 미래를 결정한다』 (류태영 박사, 국민일보사) | 하나님이 주신 비전에 대해 기록 |

중등부 제자훈련 교육과정의 전체 주제는 '믿음의 기초를 새롭게 하라'로 정했다. 훈련생들의 믿음의 기초를 견고히 세워주어 세상 속에서 흔들리지 않도록 해주기 위한 것이다. 중학생 시절에 신앙의 기본기를 잘 쌓으면 청, 장년 그리고 노년에 이르기까지 견고하게 되리라는 확신이 있었다. 신앙의 기본은 자신의 신앙고백의 터 위에서 말씀과 기도생활이 거룩한 습관으로 몸에 배는 것이다. 이 훈련을 중학교 시절부터 할 수 있다면 세상을 능히 변화시킬 하나님의 인물로 꼭 쓰임받게 될 줄 확신한다.

고등부와 동일하게 제자훈련을 수료한 학생들 중에서 신앙의 기본기가 제대로 갖추어져 있고, 섬김의 리더십을 펼칠 수 있는 역량이 되는 학생을 선발하여 다음 단계인 리더훈련을 진행한다. 중등부 리더훈련은 중학교 2학년 겨울방학 동안 이루어지는데, 앞서 언급한 것처럼 중등부 학생 리더는 신입반을 섬기게 된다. 학생 리더 1명이 신입생 1명을 맡아 3주 동안 섬기고, 3주 후 신입생은 등반하게 되는 것이다. 주일날 신입생을 상대로 복음을 제시하고, 부서를 소개하는 공과를 진행하고, 주간에는 문자나 메일 또는 엽서로 연락해서 지속적인 섬김이 이어지도록 한다. 그래서 중등부 리더훈련에서는 리더십과 더불어 신입생들의 특성을 파악하여 그에 맞는 복음을 제시하고, 부서를 소개하는 방법 등도 가르친다.

중등부에서부터 섬김의 리더십을 배우고 실천하는 어린 학생들이 점점 자라 하나님의 튼실한 일꾼으로 쓰임받을 날을 기대해 본다.

chapter: 21

# 고3도 제자훈련에서 예외일 수 없다

2007년부터 6년간의 고1, 2부 사역을 마무리하고 고3 수험생부를 섬기게 되었다. 또 한 번의 도전이 시작된 것이다. 사랑의교회 고등부는 고1, 2학년으로 구성되어 있는 고등1, 2부와 고3과 재수생으로 되어 있는 고3 수험생부로 나뉘어져 있다. 고3 수험생이라고 하면 대부분의 교회에서는 암묵적인 동의하에 사역의 대상에서 제외되는 학년이다. 예배에 결석해도, 수련회에 참석하지 않아도 '고3'이라는 이유로 모든 것을 이해해 준다. 이를 보면 '대학입시'라는 것이 학교뿐만 아니라 교회에서도 그 위력을 발휘하는 것을 느낄 수 있다. 대입은 신앙이 자라는 것을 멈추게 하고, 교회도 숨죽이게 만든다. 고3 수험생이라는 이름은 그야말로 무소불위의 권력을 가진다. 그 결과 고3 수험생은 손을 놓은 사역의 무풍지대로 자리 잡아가고 있는 것이 현실이다.

'대입수능시험이 1년 이상 남아 있는 고등1, 2부 학생들을 제자훈련시키면서도 넘어야 할 크고 작은 장애물이 많았는데, 과연 고3 수험생부에서는 가능할까?' 하는 생각으로 고3 수험생부 사역을 시작했다. 객관적인 상황은 훨씬 더 어려웠다. 온실 안에서만 키워온 화초를 어느 날 갑자기 야생의 들판으로 옮겨놓은 느낌이 들었다. 고3이라는 환경에 대해 몇 달이 지나도 적응을 못하는 학생들이 많았다. 그럴수록 하나님을 가까이해야 하는데 오히려 정반대로 점점 하나님과 교회를 멀리하는 학생들이 생겨났다. 입시에 대한 부담과 스트레스에서 벗어나기 위해서는 죽음밖에 없는 것 같다는 문자메시지가 하루가 멀다 하고 내 휴대폰의 메시지 함을 채웠다. 주일날 예배실 문턱을 넘어들어오는 것만으로도 버거운 학생들이 그렇게 많을 줄은 미처 몰랐다. 영적 암흑기가 따로 없었다. 학생들이 영적 안정과 마음의 평정을 되찾기 위해 도대체 어디서부터 어떻게 손을 써야 할지 몰랐다. 이런 상황에서 제자훈련에 대한 공감대를 얻기란 불가능한 것처럼 보였다.

하지만 오히려 최악의 상황이 기회일 수 있다는 생각이 들기도 했다. 최악의 상황으로 빨려 들어가는 것을 막기 위해서는 공격 이외에 최선의 선택이 없다고 판단한 나는 그 공격의 선봉이 바로 제자훈련이라는 결론을 내렸다. 단 1명만 지원해도 그 학생을 데리고 교역자인 내가 직접 훈련을 하겠다고 마음먹었다. 그리고 나서 고3부 선생님들께 나의 결심을 말씀드리고 기도 후원을 부탁드렸다. 학생들에게도 현실적인 문제를 해결하기 위해 공부만 해서는 안 된다고 했다. 현실의 문제는 반드시 영적 문제와 연결되기에 영적으로 강력하고 새로운 힘을 얻어야 현실의 삶도 원활할 수 있다고 강조했다. 이를 위해서는 제자훈련이 필요하다고 했다. 고3이 제자훈련을 한다면 대학을 포기하는 것이라고 조롱하는 사람도 있겠지만 하나님은 이 일을 기뻐하실 것이라고 말했다. 오히려 하나님은 조롱과 비웃음을 당하는 우리들에게 더 강력한 힘과 은혜를 베푸실 것이라고 역설했다.

나는 이렇게 말한 후 2주 동안 제자훈련 지원을 받았다. 첫 주 동안 지원자는 서너 명 정도였다. 나는 단 한 명이라도 지원하면 제자훈련을 하겠다고 마음먹은 터라 그 서너 명이 눈물이 나도록 감사했다. 그런데 2주가 거의 마감될 즈음 무려 40여 명이나 지원한 사실을 알게 되었다. 나는 학생들의 자발적인 지원에 놀라고 말았다. '아, 이것이 바로 하나님의 역사구나' 하는 생각이 들었다. 나는 부랴부랴 제자훈련을 맡아 함께 사역할 교사들을 모집하고 총 9개의 제자반을 편성했다. 그리고 고3이라는 특수성을 감안하여 토요일 오전, 오후 그리고 주일 저녁으로 제자훈련 시간을 잡아서 학생들 자신이 원하는 시간을 선택하게 만들었다. 하나님의 은혜 가운데 고3 수험생부 제자훈련은 이렇게 시작되었다.

이 일을 계기로 2008년에는 75명의 학생들이 지원하여 이제는 명실상부 고3 수험생부 제자훈련이 부서의 핵심사역으로 정착하게 되었다. 고3 수험생부 제자훈련의 전체 주제는 '여호와 하나님을 힘써 알자!'로 정했다. 수험생활을 흔들림 없는 믿음으로 이겨낼 수 있도록 신앙의 기둥, 즉 교리의 내용을 다루어보자는 의도였다. 그동안 청소년 주일학교에서는 교리에 관한 부분을 많이 다루지 못했다. 교리는 신앙의 틀을 유지해 주는 아주 중요한 부분이다. 교리가 얼마나 중요한지는 오정현 담임목사님의 다음 글을 보면 더욱 분명히 알 수 있다.

본래 기독교는 성서신학적, 실천신학적, 역사신학적, 변증신학적, 교의신학적으로 타종교가 감히 범접할 수 없는 공교회의 강력한 신앙적 뼈대로 세워져 있습니다. 이제 한국 교회는 교리의 가치와 깊이를 재발견해야 할 때라고 생각합니다. 교리는 신앙의 금광맥과 같습니다. 올바른 교리가 없다면 신자의 신앙관도, 기독교적 세계관이나 가치관도 존재할 수가 없습니다. 신학자들은 21세기 한국 교회의 가장 큰 위기는 교회론의 위기라는 말을 하고 있습니다. 이것 역시 말씀에 기초한 튼실한 교회론이 세워지지 못한 데에서 비롯된 것입니다. 한국 교회가 이를 위해서 다시금 책꽂이에만 꽂아두었던 신앙고백과 신앙교리서들을 끄집어내어 제대로 가르쳐야 할 것입니다. 우리가 어릴 때만 해도 장로교의 신앙적 뼈대로 삼고 있는 웨스트민스터 소요리 문답의 핵심들은 다 외우다시피 했습니다. 요즘 극성을 떨고 있는 이단들의 발호나 기이한 신비주의적 신앙도 성경의 핵심적 교리로 무장된다면 결코 기를 펼 수가 없을 것입니다.

(2008년 2월 10일 『사랑의목장』 중에서)

고3 수험생부 제자훈련은 추상적으로 알고 있던 믿음의 내용인 교리를 보다 구체적으로 깨달아 언제 어디서든지 믿음의 용사로 주님의 일을 감당할 수 있도록 해주기 위한 것이다. 영적 강골이 되어 시대를 품고 섬기도록 하는 데 최선을 다하려고 교의신학의 순서대로 커리큘럼을 제작하였다. 신론, 인간론, 기독론, 구원론, 교회론, 종말론의 순서로 진행되면서 6가지의 신앙의 뼈대를 세우도록 도와주는 것이다. 과제물도 고3 수험생이라고 가볍게 넘어가지 않도록 했다. 힘들수록, 어려울수록 하나님의 은혜는 강하게 임하기 때문이다. 교재예습, 큐티, 설교요약, 생활과제물, 독서과제물, 성경읽기, 암송, 기도 등의 과제물도 반드시 제출하도록 했다. 다음은 고3 수험생부 제자훈련 커리큘럼이다.

| 차수 | 교과내용 | 암송구절 | D형 큐티 | 독서과제물 | 생활과제물 |
|---|---|---|---|---|---|
| 1 | 오리엔테이션 | 없음 | 특강 및 실습 | 없음 | |
| 2 | 하나님은 누구신가? | 롬 11:36<br>렘 31:3 | 창 51:15-21<br>'요셉이 체험한 하나님' | 『새신자반』<br>(이재철, 홍성사)<br>제1장 하나님은 누구신가? | 1. 하나님에 대해 공부한 후에 하나님을 알게 된 만큼 한 주간 동안 삶에서 어떤 변화가 일어났는지 기록하기<br>2. 주간계획서 |
| 3 | 인간의 타락과 그 결과 | 롬 5:12<br>히 9:27 | 행 5:1-11<br>'아나니아와 삽비라 부부의 죄' | 『새신자반』<br>제2장 나는 누구신가? | 1. 당신의 잘못을 남에게 전가시킨 적이 있다면 주님께 회개하고 상대방에게 용서를 구한 다음 자신의 느낌을 적어오기<br>2. 주간계획서 |
| 4 | 예수 그리스도는 누구신가? | 히 4:15<br>요 14:6 | 막 4:35-41<br>'풍랑을 잔잔케 하신 예수님' | 『새신자반』<br>제3장 예수님은 누구신가? | 1. 하나님이신 예수님이 당신을 구원하기 위해 인간이 되셔서 이 세상에 오신 사실에 대한 감사의 글을 적어오기<br>2. 주간계획서 |
| 5 | 믿음이란 무엇인가? | 엡 2:8-9<br>롬 4:18 | 막 5:25-34<br>'12년 혈루증을 앓는 여인의 믿음' | 『오직 한 길』<br>(브리안 메이든, IVP 소책자) | 1. 한 주간 동안 세상을 이기는 믿음을 실천해 보고 그 느낌을 적어오기<br>2. 주간계획서 |
| 6 | 교회란 무엇인가? | | | 『새신자반』<br>제7장 교회란? | 부름받은 하나님의 백성으로서 교회를 위해 할 수 있는 일은 무엇인가? 보냄받은 그리스도의 제자로서 세상을 위해 할 수 있는 일은 무엇인지 적어오기 |
| 7 | 예수 그리스도의 재림 | 계 22:7;<br>살전 4:16-17 | 마 25:31-46<br>'예수님의 심판의 기준' | 『종말 종말 종말』<br>(스티븐 트래비스, IVP) | 1. 제자훈련을 받은 후의 변화가 무엇인지 적어오기<br>2. 선생님께 감사의 카드 쓰기 |

고3부 제자훈련을 진행하면서 크게 깨달은 것이 있다. 아무리 초라하고 보잘것없는 사람일지라도 제자훈련에 대한 비전과 열정으로 가득하다면 그 어떤 상황에서도 훈련은 가능하다는 것이다. 청소년 사역자들을 만나보면 일종의 패배의식에 싸여 있음을 보게 된다. 아무리 애쓰고 노력해도 주변 상황이 도와주지 않는다는 것이다. 담임목사님은 청소년 사역에 크게 관심이 없는 것 같고, 장로님들은 청소년부서 예산을 증액시켜주지 않고, 선생님들은 헌신도가 점점 떨어지는 것처럼 보인다고 한다. 그렇기 때문에 교역자 혼자서 아무리 뛰어봤자 소용이 없다는 것이다. 하지만 교역자 한 사람이 아무리 힘든 상황에서도 훈련사역에 대한 열정과 비전으로 무장되어 있다면 하나님은 그 한 사람을 통해 일하신다. 그리고 이 진리는 고3 수험생부를 통해 다시 한 번 입증되었다. 하나님은 그 한 사람에게 사람과 사역의 지혜를 붙여주신다. 청소년 제자훈련에 열정과 비전을 품기를 바란다. 그 한 사람을 하나님은 찾으시고 그와 함께 일하실 것이 분명하기 때문이다.

또 한 가지 깨달은 것은 힘들고 어려운 상황을 이기는 힘은 역설적이게도 강한 훈련에 있다는 것이다. 고3 수험생일수록 현실을 피하는 법을 가르치지 말고 정면으로 승부하는 법을 가르쳐야 한다. 정면 승부를 하면 십중팔구 지게 될 것이라는 패배의식을 해소시켜주는 것이 제자훈련이다. 제자훈련은 또 하나의 무거운 짐이 되어 나를 짓누르는 것이 아니라 감사가 터져 나오고 나 자신을 바로 세워주는 강력한 은혜의 터전인 것이다. 지난 여름방학 기간 동안 제자훈련을 마치며 수료하게 된 어느 고3 학생의 글을 보면 이 사실을 더 분명히 느낄 수 있다.

    6주간의 훈련이 오늘로 마무리가 되었다. 먼저, 훈련을 주저하게 했던 처음의 고민들로부터 자유롭게 하심에 감사한다. 이번에도 역시 하나님이 함께하여 주셨기에 감사하다. 지난 훈련의 시간은 '하나님에 대해', '하나님과 나의 관계에 대해' 깊게 생각해 볼 수 있는 시간이었다. 훈련을 하지 않았더라면 할 수 없었을 고민, 묵상, 기도들이 참 감사하다. 나의 마지막 십대, 시간과 공부에 쫓기며 살고 있는 이때 잠시 멈춰 한 번 더 그분을 묵상하게 하심에, 진정 옳은 삶에 대해 한 번 더 고민하게 하심에, 하나님의 계획에 내 삶을 맡기는 용기를 한 번 더 허락하여 주심에 감사드린다. 훈련의 선택도 하나님이 하게 하신 것이고 이 모든 시간들, 과정들도 하나님의 계획하심 가운데 있는 것임을 확신한다. 그리고 명목상의 훈련은 끝났지만, 이제부터 본격적인 시작임을, 이제부터는 하나님과 독대하며 내가 진정 원하던 그분의 진짜 훈련이 시작되는 것임을 기억하기 원한다. 훈련은 멈추어져서는 안 됨을 명심하고, 그분 앞에 날마다 새롭게 나아가는 겸손한 제자가 되기를, 입으로만 하는 것이 아닌 진정 행함의 순종과 주님의 능력으로 변화됨을 경험하는 성화의 삶을 살아가기를 기도한다. 나를 훈련시키겠다 하셨고 부르시고 붙드시는 주님임을 알기에 실패 때문에 속이 상할 때도 믿음의 눈으로 하나님을 따를 것이다. 주님, 나의 갈 길 인도하여 주시고 주님 뜻대로 훈련시켜주시고, 사용하여 주시옵소서. 사랑합니다, 나의 하나님.

제자훈련을 수료한 학생들 가운데 제자반 교사의 추천을 받아 겨울방학 동안에는 리더훈련을 실시한다. '리더훈련 교사 추천서'를 통해 제자반 선생님들이 추천하면 교역자는 추천 대상을 심방하게 된다. 가을학기 동안에는 겨울방학 동안 있을 리더훈련을 준비하는데, 제자훈련 사역을 청소년 사역의 핵심으로 두면 1년 동안 훈련을 준비하고 진행하며 세움받은 학생 리더들을 섬기는 데 모든 진액을 쏟아야 한다. 그래서 교역자는 잠시라도 마음을 놓지 못한다. 하지만 그것을 능가할 수 있는 보람과 기쁨이 있기에 그만둘 수가 없다. 다음은 제자훈련을 수료한 학생들을 선생님들이 리더훈련에 추천하는 추천서 내용이다.

---

### 리더훈련 추천서

추천 대상 학생 :

추천 제자반 교사 :

1. 리더훈련에 추천하고자 하시는 학생의 다음 항목에 대한 선생님의 의견을 기록해 주세요. (해당 항목에 V표, 밑줄 등으로 표시하되, 정확하고 냉철한 평가 의견을 부탁드립니다.)

제자훈련 참여 성실성 (출석/지각 등) : A B C D E

제자훈련 반별 소그룹 모임의 참여도와 적극성 : A B C D E

제자훈련 과제 수행의 성실성 (일관성/지속성 포함) : A B C D E

말씀과 기도, 큐티 등 일상성 : A B C D E

학생의 배우려는 열정 수준 : A B C D E

신앙의 상대적 성숙도 : A B C D E

신앙 성장의 잠재성 : A B C D E

전도의 열정 수준 : A B C D E

자기관리 능력의 수준 : A B C D E

또래 집단에서의 리더십 : A B C D E

2. 위 학생을 리더훈련에 (① 강력추천, ② 가망추천)하시는 이유를 구체적으로 적어주세요.

   (*객관적, 주관적으로 추천이 분명한 학생은 '① 강력추천'으로 구분해 주시고, 성장 잠재력 등의 사유로 개인적으로 신중하게 추천하시는 학생은 '② 가망추천'으로 구분해 주시기 바랍니다.)

3. 그렇다면 이후 학생 리더로서 후배들을 맡아 섬길 만한 자질이 어떤 면에서 있다고 생각하십니까?

4. 추가적으로 추천 학생의 제자훈련 신앙생활을 통해 파악된 은사와 장점이 있다면 무엇입니까?

고3부 리더훈련은 외적 변수가 많기 때문에 리더훈련 과정이 안정되지 못하고 들뜨는 경우가 빈번하다. 합격자 발표가 계속되면서 합격이 확정된 훈련생, 대기번호를 받은 훈련생, 추가 합격을 기다리는 훈련생 등 여러 가지 경우들로 인해 리더훈련에 집중할 수가 없다. 이럴 때일수록 더 많이 격려하고, 훈련생들을 신뢰하고, 재수를 해도 리더로 서임받게 할 것이라는 교역자의 일관된 마음을 보여 주면서 리더훈련의 분위기가 외적 요인으로 흔들리지 않도록 만들어주어야 한다. 특히 자신들이 고3이 되었을 때 힘겨운 수험생활을 했던 것을 기억하면서, 고3이 되는 후배들을 섬기는 것이 얼마나 어려운 것인가를 상기시켜주고 처음 훈련받았을 때의 마음을 잃지 않도록 해주어야 한다. 개인적으로는 학생이 재수할지라도 리더로 서임받아도 된다고 생각한다. 재수라는 환경 속에서도 믿음의 분량에 따라서는 후배들을 훌륭하게 섬길 수 있다고 믿기 때문이다.

학기 초에 고3부 어떤 선생님이 리더들에게 보낸 고3부 홈페이지 게시판에 올린 글을 보면서 고3부에서도 리더들의 첫 사역이 순조롭게 진행되고 있음을 확인할 수 있었다. 이를 통해 청소년들은 우리가 생각하는 그 이상으로 하나님이 탁월하고 멋지게 사용하시는 그릇임을 알 수 있었다.

저는 고3부 10시 예배를 섬기는 선생님입니다. 처음 리더 여러분을 파송한다는 이야기를 들었을 때 솔직히 걱정이 먼저 앞섰습니다. '아직 어린데 무리가 아닐까?' 그런데 방금 이웃집에서 전화

한 통을 받았습니다. 그 집 아이가 교회에 갔다 오더니 선생님 대신 리더 언니와 반 모임을 했는데 리더 언니가 작년에 고3을 직접 경험했기 때문에 도움되는 이야기를 많이 해주었고 앞으로 개인 상담도 받기로 했다면서 기뻐하더랍니다. 할렐루야! 하나님이 하시는 일을 사람의 지식으로는 알 수 없음을 다시 한 번 깨달았습니다. 리더 여러분, 그동안 훈련받느라 고생하셨습니다. 하나님의 인도하심에 감사하며, 예수 그리스도 안에서 성령충만으로 고3부를 함께 섬겨나갑시다.

chapter: 22

# 교사 제자훈련을 향한 재도전

　　　　　　　교사 제자훈련이 실패로 돌아간 뒤 한동안 엄두도 내지 못했던 나는 청소년 제자훈련이 맺은 기쁨의 열매를 맛본 뒤 다시 재도전의 용기를 얻게 되었다. 그래서 이제는 한 부서에 국한하지 않고 사랑의교회 주일학교 교사 전체를 대상으로 모집, 선발하여 2년 동안의 제자훈련과 사역훈련을 실시하기로 했다. 교사 제자훈련은 그 혜택이 학생들에게 돌아간다는 점과 주일학교 교사의 자긍심을 높여 준다는 차원에서 그 의미가 크다.

　청소년 제자훈련의 2개의 중심축은 교역자와 교사이다. 그래서 교역자가 품고 있는 제자훈련에 대한 철학과 비전 그리고 열정이 교사에게로 스며들어가야 한다. 교역자와 교사가 한마음, 한뜻으로 동화되어 제자훈련 사역에 미쳐야 한다. 청소년 제자훈련을 시작하던 초창기에 나는 제자훈련에 대한 열정이 너무 커서 엉뚱한 일을 저질렀던 적이 있다. 선생님들 가운데 제자훈련을 경험하지 못한 분들이 있어서 함께 훈련사역을 공유하는 데 한계가 있었다. 그때 마침 청소년 제자훈련을 시작하는 여름방학을 앞두고 국제제자훈련원에서 6월 초에 제자훈련지도자 CAL 세미나를 개최한다는 소식을 들었다. 이전만 하더라도 봄과 가을에 한 번씩 1년에 두 번만 진행되었는데, 마침 그해부터는 세미나를 기다리는 목회자가 많아서 6월에 한 번 더 세미나를 한다는 것이었다. 그 소식을 듣고 너무 반가웠던 나는 CAL 세미나에 선생님들과 함께 가기로 했다. 세미나가 시작되는 월요일 저녁 수양관에 선생님들이 모였다. 그리고 2층으로 올라가 선생님들과 함께 강의를 들었다. 그때의 감동은 지금도 잊을 수가 없다. 옥한흠 목사님의 '광인론'은 매번 들을 때마다 다른 감동으로 다가왔고, 새로운 열정을 품게 했다. 선생님들도 나와 동일한 마음을 품는 것 같아 기뻤다. 그런데 국제제자훈련원에 미리 양해를 구하지 않고 청강을 하는 바람에 엄중한 주의를 받았다. 결과적으로 나와 선생님들이 '도둑강의'를 들은 셈이었다. 비록 주의를 받기는 했지만 좋은 경험이었고 동일한 비전을 갖게 해준 귀한 시간이었다.

한 목적을 향해 함께 나아가며 청소년 제자훈련에 헌신하는 교사는 그 자체가 '보배'이다. 그런데 교사 제자훈련을 통해 직접 작은 예수로 거듭나는 경험을 하게 되는 교사들은 '보배 중의 보배'이다. 실제로 교사들이 제자훈련에 대한 경험이 없으면 제자훈련 사역에 대한 공감대를 형성하기가 어렵고, 학생들을 훈련시킬 때도 시행착오가 많아진다. 특히 제자훈련을 진행할 때 귀납법적인 소그룹 인도법에 익숙하지 않아 성경공부로만 그치게 되는 경우가 많았다. 이런 것은 이론적인 공부보다 실습과 체험이 중요하다. 사랑의교회 주일학교에는 30% 정도 되는 선생님들이 제자훈련을 받았다. 교사 제자훈련이 본격적으로 시작되면 선생님들이 제자훈련을 받지 않으면 안 되도록 전체 분위기를 만들어나갈 것이다. 그래서 가급적이면 모든 선생님들이 제자훈련에 지원하여 반드시 훈련을 받을 수 있도록 이끌고 있다.

이렇게 훈련을 받은 선생님들은 교사 다락방의 순장으로 섬기게 된다. 교사 다락방은 선생님들의 소그룹 모임인데, 주일학교 각 부서마다 적게는 150명부터 많게는 250명 정도 되는 선생님들이 섬기고 있다. 교사 다락방에서는 순장을 중심으로 해서 말씀과 삶을 나눈다. 순장 선생님들은 각 부서의 핵심교사이다. 그 순장 교사와 함께 교역자는 교사들과 학생들을 섬겨나가는 것이다. 아울러 그렇게 세움받은 순장 선생님들이 주축이 되어 학생들의 제자훈련도 진행하게 된다. 이렇게 되면 청소년 제자훈련이 한층 더 질적으로 높아질 것이며, 훈련받고 리더로 서임받는 학생들도 이전보다 더 탁월하게 사역을 감당하게 될 것이다.

지금까지는 교구에서 순장을 파송하고, 주일학교에서는 그 도움으로 사역을 진행해 왔다. 순장으로 파송되신 분들이 주일학교 교사로 지원하면 교사로 섬기다가 순장 교사로 세움을 받는다. 그렇기 때문에 순장으로 파송받으신 분들이 교사로 지원하지 않으면 주일학교는 핵심 교사의 부족함을 겪을 수밖에 없었다. 하지만 앞으로 주일학교에서 교사 제자훈련을 하게 되면 주일학교에서도 순장을 파송할 수 있게 되고, 각 부서마다 헌신된 핵심 교사를 확보할 수 있어 부서가 안정적으로 운영될 수 있게 된다.

　헌신된 핵심 교사는 교회적으로 볼 때도 중요한 영적 재원이다. 이러한 영적 재원을 배출하는 주일학교 역시 그 중요성이 날로 배가되고 있다. 그동안 주일학교 교사는 3D업종으로 치부되었고, 해마다 교사 지원율은 점점 떨어졌다. 교사를 얼마나 확보하느냐가 그 부서의 1년 사역을 좌지우지하기에 교사 확보를 잘하는 교역자는 부러움의 대상이 되기도 했다. 그 결과 선생님들의 영적 사기가 많이 떨어지게 되었다. 하지만 교사 제자훈련을 계기로 선생님들도 자긍심을 가질 수 있게 되리라 믿는다. 주일학교에서 배출되는 순장 교사는 다음 세대를 실질적으로 이끌어갈 것이고, 교회에서 결코 놓쳐서는 안 될 핵심 멤버이기에 선생님들의 영적 무게감은 더해 갈 것이다.

chapter: 23

# 제자훈련의 또 하나의 열매, '청소년 양육-훈련 시스템'

　　　　　　　제자훈련 사역을 하다 보면 똑같이 모태신앙으로 사랑의교회 유아부에서 교회생활을 시작하고, 같은 지역에서 학교를 다니고 성적도 비슷한데도 불구하고 어떤 학생은 리더로 세움받고, 어떤 학생은 그렇지 못한 것을 발견하게 된다. 그 이유를 궁금하게 여겼던 나는 묵상 끝에 믿음의 분량에서 오는 믿음의 차이라는 결론을 내렸다. 똑같이 교회생활을 하고, 학교생활을 해도 연약한 믿음을 가진 학생과 견고한 믿음을 가진 학생이 있다는 것이다. 믿음은 철저히 '비평준화' 되어 있다. 동일한 믿음을 소유한 학생은 아무도 없다. 천차만별(千差萬別)이라는 사자성어가 이 상황에 딱 들어맞는 표현이다. 그렇다면 천차만별의 믿음을 가진 학생들을 어떻게 해야 할까? 한 가지 분명한 것은 연약한 믿음에서 벗어나 견고한 믿음으로 자라게 해야 한다는 것이다. 물론 믿음을 자라게 하시는 분은 하나님이시다. 우리는 바울이 심고 아볼로가 물을 주었던 것처럼, 심고 물을 주어야 한다. 심고 물을 주지 않았는데 자랄 수는 없는 것이다.

이를 위해 사랑의교회 청소년 주일학교는 학기 말과 학기 초에 진행하는 중요한 작업이 있다. 학기 말이 되면 교사들이 '학생 신앙 활동 평가서'를 기록한다. 지난 1년 동안 섬겼던 반 학생들의 신앙 활동을 평가하는 것이다. 신앙은 평가할 수 없지만 신앙 활동은 평가가 가능하다고 생각했다. 평가 항목은 구원의 확신 여부를 비롯하여 제자훈련 수료 여부, 사역 동아리 활동, 예배 집중도와 태도, 반 모임 참여도, 행사 참여도, 성경읽기생활, 기도생활, 큐티생활, 주일예배 출석률 등이 있다. 그리고 이러한 평가를 토대로 그 학생의 신앙 활동 등급을 다음과 같이 부여한다.

1. 핵심리더 A : 구원의 확신이 있고, 제자훈련이나 동아리 활동을 하며 그 외의 나머지 항목에서 '상'이 대부분인 학생
2. 준리더 B : 구원의 확신이 있고, 그 외의 나머지 항목에서 '상', '중'이 많은 학생
3. 참여자 C : 구원의 확신이 있고, 그 외의 항목에서 '중', '하'가 대부분인 학생
4. 출석인 D : 구원의 확신은 없으나, 주일예배 출석률이 '중' 이상인 학생
5. 주변인 E : 구원의 확신도 없고, 나머지 항목이 대부분 '하'인 학생

등급 적용의 기준은 이와 같지만 교사의 소견과 판단에 따라 달라

질 수 있고, 이에 대한 자율성을 보장해 준다. 이렇게 학기 말에 학생들에 대한 신앙생활 평가서를 받으면, 이를 근거로 반 편성을 한다. 그래서 한 반에 핵심리더 A부터 주변인 E까지 골고루 분포되어 있다. 반 편성 후 각 반을 맡은 담임교사들에게 학생들의 신앙 생활 평가서를 나누어준다. 1년 동안 교사의 가장 중요한 사명은 바울과 아볼로의 마음으로 자신이 섬기는 학생들의 등급을 올리는 것이다. 신앙 활동의 등급을 올리기 위해 교사가 최선을 다해 학생들을 섬겨야 하는 것이 하나님이 1년 동안 그 학생을 맡기신 이유이기 때문이다. 아울러 부서 차원에서도 학생들의 신앙 활동의 등급을 올리기 위해 행사와 프로그램들을 계획한다.

이렇게 하다 보니 자연스럽게 '청소년 양육-훈련 시스템'이 마련되었다. '주변인 E'에서 '핵심리더 A'에 이르는 과정을 하나의 양육-훈련 시스템으로 만들어 학생 한 명, 한 명을 양육하고 훈련받게 하는 것이다. '주변인 E'에 맞는 양육과정을 만들어 그 과정을 거치게 하여 '출석인 D'로 나아갈 수 있게 하고, 이후 '출석인 D'에서 '참여자 C'로, '준리더 B'로, 그래서 결국에는 '핵심리더 A'에 이르게 하는 양육-훈련 시스템인 것이다. '양육-훈련 시스템'이라고 명명한 이유는, 양육은 신앙적으로 어린 기독교인들의 균형 잡힌 성숙을 도모하는 데 그 목적이 있고, 훈련은 어느 정도 갖추어진 사람들을 지도자로 세워가는 데 그 목적이 있기 때문이다. 그래서 양육은 '주변인 E', '출석인 D', '참여자 C'에 해당되고, 훈련은 '준리더 B'와 '핵심리더 A'에 해당되며 영적으로 강건하여 다른 사람들을 돕고 섬길 수 있는 지도자로 세우는 고급 과정이라고 정의할 수 있다.

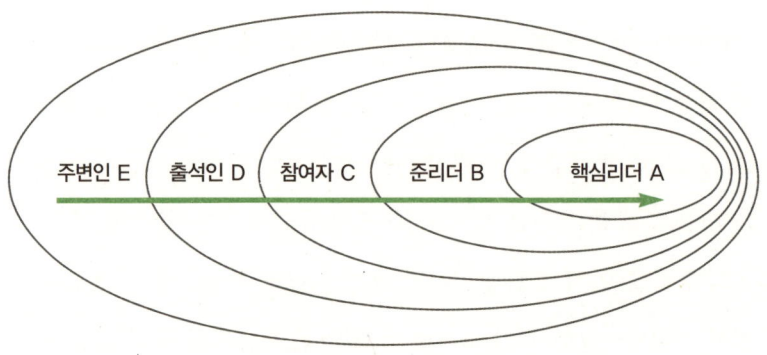

'청소년 양육-훈련 시스템'은 청소년 사역자라면 누구나 진지하게 고민하고 연구하고 개발해서 자신의 담당 부서에 적용해야 되는 필수불가결한 것이라고 확신한다. 그렇게 할 때 방향성 없이 산만하게 사역이 진행되는 것을 막고 하나의 목적으로 분명하게 모아지는 사역을 할 수 있는 것이다. 학생 한 명을 그리스도의 장성한 분량에 이르기까지 도와주는 사역의 가장 중요한 부분인 것이다.

사랑의교회 청소년 주일학교에서는 다음과 같은 신앙 활동의 등급에 맞는 교육과정을 만들어보았다. 물론 이것이 최선의 것이라고 생각하지는 않는다. 각각의 신앙 활동 등급에 맞는 양육-훈련 과정이 좀 더 정교하고 세밀하게 개발되어야 하겠고, 그 과정을 통해 학생들의 신앙 활동이 한 단계씩 진일보해야 할 것이다. 다음 도표는 '청소년 양육-훈련 시스템'을 신앙 활동 등급별로 나누어 정리해 놓은 것이다.

| 신앙 활동 등급 | 신앙 활동 등급에 따른 양육-훈련 과정 | 공통·기초·과정 |
|---|---|---|
| 핵심리더 A | 소그룹(반) 목회, 학교 기도모임 진행, 학생 리더 리트릿 | 예배와 반 모임 |
| 준리더 B | 제자훈련, 리더훈련, 국내 아웃리치, 해외 단기선교 | |
| 참여자 C | Q.Teen학교, 성경탐험학교, 기도학교, 사역 동아리 활동, 여름수련회, 겨울수련회 | |
| 출석인 D | 사역 동아리 활동, 여름수련회, 겨울수련회 | |
| 주변인 E | 새가족반, 청소년 새생명축제(전도집회), 'Gather Together'(전원출석주일), 'New Comer Festival'(새가족 페스티벌) | |

'주변인 E'에 해당되는 학생은 대부분 교회에 처음 나온 학생들로서 기독교 문화에 익숙하지 않아 어색해 하고 기존의 학생들과 잘 어울리지 못한다. 이들을 위해서는 새가족반, 청소년 새생명축제(전도집회), 'Gather Together'(전원출석주일)를 마련하여 복음을 제시해 하나님의 부르심에 응답하고, 구원의 확신을 가질 수 있도록 최대한 도와주어야 한다. 도중에 탈락할 수 있는 가능성이 가장 높은 아이들이므로 이들을 섬기는 선생님들은 최대한 관심을 가지고 세심하게 보살펴 주는 것이 필요하다. '주변인 E'에 속한 학생들 가운데 새로 온 학생들을 위해 이들을 격려하는 의미의 'New Comer Festival'(새가족 페스티벌)이라는 모임을 만들어도 좋다. 이 모든 프로그램들은 '주변인 E'의 눈높이에 맞추어서 구도자 예배의 형식을 도입하여 자유스럽고 개방적인 분위기로 교회에 대한 호감을 높여줄 필요가 있다. 물론 복음의 본질은 변질되어서는 안 될 것이다. 복음의 내용도 최대한 쉽게 풀

어서 '주변인 E'가 들을 수 있도록 해야 한다. '주변인 E'가 교회 안으로 들어와 잘 정착하게 하는 것은 청소년 부서가 가장 역점을 두어야 할 사역이다.

'출석인 D'는 주로 모태신앙의 학생들이 많다. 부모님께 이끌려 어릴 때부터 교회를 다녔지만 습관적으로 출석하는 것일 뿐, 아직 부모님의 믿음과는 달리 구원의 확신이 없는 학생들이다. '출석인 D'는 청소년 시기에 반드시 신앙적인 회의를 거치게 된다. '과연 하나님은 존재하실까?', '나의 믿음의 근거는 무엇일까?', '성경은 과연 정확무오한 하나님의 말씀인가?' 라는 질문에 대한 정확한 답을 듣기 원한다. 이때 흔들리는 '출석인 D'를 잡아주기 위해서는 두 가지가 필요하다.

하나는 그런 생각을 공유하고 나눌 수 있는 공동체인 '사역 동아리'이다. 사역 동아리는 학생들이 참여하여 직접 사역을 실행하는 동아리로서 찬양팀, 주보팀, 신사도(신입생을 사랑하는 도우미), 성가대, 이삭부(매달 한 번씩 사회복지시설에 방문하여 장애우를 섬김), 예배사랑팀(예배실 환경미화), 영상팀, 드라마팀 등이 있다. 이러한 사역 동아리는 선택하여 가입할 수가 있으며, 본인이 선택했기 때문에 모두가 한마음으로 할 수 있다. 사역 동아리에는 지도교사가 있는데, 청소년 사역의 경험이 많은 분이기 때문에 학생들의 신앙 고민을 잘 들어주고 해결 방법도 함께 모색해 준다. 이런 면에서 '출석인 D'가 교회를 떠나지 않게 해주는 영적 그물망의 역할을 사역 동아리가 해주고 있는 셈이다.

또 하나 이들에게 가장 필요한 것은 여름과 겨울 두 차례에 걸쳐 진행되는 수련회이다. '출석인 D'는 인격적인 하나님을 만나야 된다. 귀로만 들었던 하나님을 눈으로 선명하게 볼 수 있는 영안이 열려야 이들은 살아날 수 있다. 모태로부터 주어진 수동적인 신앙에서 독립하여 자신이 직접 신앙을 고백하고 하나님을 만난 것을 간증할 수 있는 데까지 나아가야 한다.

'참여자 C'는 구원의 확신이 있어서 어느 정도 교회생활을 경험한 학생들이다. 하지만 학업에 대한 스트레스나 주변의 환경적 제약으로 인해 교회활동에 열심을 내지 않는 학생들이다. '출석인 D'처럼 '참여자 C'에게도 사역 동아리와 여름, 겨울수련회에 참석하게 하는 것이 절실히 필요하다. 아울러 이들에게는 신앙의 기본인 믿음이 있기에 언제든지 하나님이 그 마음을 만져주시면 무한한 영적 성장의 가능성이 열리게 되어 있다. 이들을 붙들기 위해서는 하나님의 말씀을 체계적으로 듣고 묵상하며 기도하는 생활이 필요하다. 그래서 Q.Teen학교, 성경탐험학교, 기도학교 등을 개설하여 말씀과 기도에 관심을 갖게 하고, 하나님이 그 마음을 말씀과 기도로 만지실 수 있는 통로를 열어주어야 한다. 사랑의교회 청소년 주일학교는 2007년부터 『Q.Teen』이라는 이름으로 청소년 눈높이에 맞춘 큐티 책을 매달 발행하고 있는데, 거기서 명칭을 따서 'Q.Teen학교'를 개설했다. 'Q.Teen학교'는 어떻게 하나님의 말씀을 묵상하면서 경건의 시간을 가질 것인가에 대한 방법을 설명해 주고 실습하게 해주어 말씀 묵상의 깊은 곳까지 갈 수 있도록 이끄는 학교이다. '성경탐험학교'는 구약과 신약성경을 한눈에 볼 수 있도록 하여 성경 전체에 대한 흐름을 파악하고 성경을 일독하도록 도와주는 학교이다. 특히 성경에 대한 흥미와 호기심을 유발시키고, 성경 전체의 구조를 그려줌으로써 성경 일독의 결단을 유도해 낸다. '기도학교'는 성경에 나오는 기도의 사람들의 기도를 쉽게 풀어 설명해 주고, 주님이 가르쳐주신 주기도문을 묵상하고 학생들이 직접 간절히 기도하는 시간을 갖는다. 학생들이 너무도 잘 알고 있다고 생각하는 기도에 대한 고정관념을 탈피하여 응답받는 기도의 경지에 이르게 해주기 위한 프로그램이다. 이러한 양육 프로그램을 통해 '참여자 C'는 '준리더 B'로 나아가게 된다.

'준리더 B'는 자신의 신앙을 마음껏 펼치며 교회생활을 하는 학생들로, 제대로만 훈련받으면 청소년 시절부터 하나님께 멋지게 쓰임받을 수 있는 이들이다. 마치 마른 장작을 쌓아놓은 곳에 불만 붙이면 활활 타오르듯이 이들에게 성령의 불만 붙으면 자신의 일생을 하나님께 헌신하며 불꽃으로 타오를 수 있는 학생들인 것이다. 이들을 위한 훈련 프로그램은 제자훈련, 리더훈련, 국내 아웃리치, 해외 단기선교 등이다. 제자훈련은 앞서 밝혔듯이 신앙의 기본기가 튼튼하고 영적으로 성숙한 학생들이 지원하고 선발된다. 이와 같은 자질을 갖춘 학생들이 '준리더 B'에 속한 학생들이다.

제자훈련을 지원할 시기가 되면 선생님들은 '준리더 B'에 속한 학생들에게 제자훈련을 받을 수 있도록 강력하게 권면한다. 또한 제자훈련을 받은 학생들 가운데서 다시 한 번 선택과 집중을 통해 리더훈련까지 받을 수 있게 한다. '준리더 B'에 속한 학생들은 여름과 겨울 방학 동안 국내 아웃리치와 해외 단기선교도 다녀오는데, 실제로 사랑의교회 고등부를 처음 섬길 때에는 국내 아웃리치나 해외 단기선교가 없었다. 하지만 이제는 청소년 양육 시스템 속에서 해외 단기선교나 국내 아웃리치 프로그램은 중요한 위치를 점하고 있으며, '준리더 B'가 신앙적으로 도전하고 영적으로 더 나아갈 수 있는 야성을 키워주는 프로그램이 되었다. 국내 아웃리치에는 몇 년째 계속 섬기고 있는 옥천 봉사활동이 있다. 충북 옥천에 있는 농촌교회에서 어린이 여름성경학교를 사랑의교회 고등부 청소년들이 맡아서 3박 4일 동안 진행하고 온다. 인근에 있는 5-6개 교회 어린이가 연합으로 모이면 60-70여 명 되는데 이들을 6년 동안 섬겨왔다. 찬양, 율동은 물론 어린이 여름성경학교 공과와 특별행사까지 고등부 학생들이 자체적으로 진행하여, 어린이들을 가르치고 섬기며 함께 은혜를 나누고 돌아온다. 이렇게 몇 년을 하다 보니 그 지역 어린이들이 이제는 청소년이 되어 함께 동역하는 아름다운 모습도 볼 수 있다. 또한 국내 아웃리치에는 '태백 해비타트'도 있다. 강원도 태백시에서 진행하는 사랑의 집짓기 운동에 참여하는 것이다. 집을 지으면서 느끼는 섬김의 기쁨과 보람은 신앙을 키워준다. 또한 서로의 팀워크를 맞추어야 작업이 수월하게 되므로 대화도 자주 하게 되고 약한 부분은 서로 도우면서 믿음의 우정을 나누게 된다. 아울러 해외 단기선교도 '준리더 B'의 신앙을 끌어올리는 데 중요한 프로그램이다. 사랑의교회 중등부에서는 몽골과 필리핀을 다녀왔고, 고등부에서는 일본을 선교지로 삼고 있다. 앞으로는 러시아로도 단기선교를 다녀올 예정이다. 단기선교는 준비할 때부터 선교지에 도착해서 사역을 마치고 올 때까지 학생들에게 커다란 도전과 모험을 준다. 그리고 복음과 한 영혼에 대한 소중함을 절감하고 돌아오게 해준다. 그래서 '준리더 B'에 속한 학생들에게 있어서는 믿음의 비상(飛上)을 할 수 있는 좋은 기회가 되며, '준리더 B'에 속하는 학생들이 많을수록 청소년 부서는 영적 도약을 하는 데 큰 힘이 된다.

'핵심리더 A'는 리더훈련을 받고 학생 리더로 서임받은 학생들이다. 그야말로 기독 청소년의 표상(表象)이 되는 학생들이라 할 수 있다. 결국 이들을 세우기 위해 청소년 사역을 하는 것이고, 이들을 키우기 위해 청소년 양육 시스템도 필요한 것이다. '핵심리더 A'에 속한 학생들을 위해서는 반 목회나 학교 기도모임의 진행 등 섬김의 장(場)을 열어주는 것이 필요하다. 섬김의 장을 열어주는 방향대로 '핵심리더 A'는 신앙이 크게 된다. 배울 때 배우는 것보다 가르칠 때 배우는 것이 더 많은 법이다. 그리고 누군가를 가르치고 섬기려면 자신이 확실히 알아야만 가능하다. 그렇기 때문에 스스로가 '은혜의 자급자족'을 위해 말씀과 기도생활에 열심일 수밖에 없다. 20대 80의 법칙을 따르면, '핵심리더 A'에 속한 학생들이 전체 출석 학생의 20%가 되면 건강한 부서라고 할 수 있다.

'청소년 양육-훈련 시스템'에서 또 한 가지 중요한 것이 있다. 바로 신앙 활동 등급 전체에 공통적으로 적용되는 기초과정인데, 그것은 다름 아닌 예배와 반(소그룹) 모임이다. 예배는 청소년들에게 있어서는 교회의 첫 번째 문이다. 이 첫 문을 열어야 교회 공동체 안으로 들어올 수 있다. 이들이 예배라는 문을 열게 해주기 위해서는 예배 가운데 기쁨과 감동이라는 두 가지 요소가 꼭 들어 있어야 하며, 예배를 통해 영혼의 기쁨을 맛보아야 한다. 그리고 마음속에 감동이 흘러넘쳐야 한다. 이러한 예배를 경험하면 자연스럽게 교회 공동체 안으로 문을 열고 들어오게 되는 것이다. 그래서 매주 드려지는 예배는 학생들에게 지루함을 안겨주어서는 안 된다. 늘 신선하고 새로운 방식으로 다가가야 한다.

사랑의교회 청소년 주일학교 예배는 매주 그 형식이 다르다. 드라마예배, 영상예배, 찬양예배, 그리고 전통적인 장로교예배 형식으로 다양하게 변화를 준다. 그 이유는 학생들이 예배에 대한 호감을 갖고 예배라는 문을 열 수 있도록 하기 위해서이다. 학생들에게서 예배에 대한 기대감이 없어지면 더 이상 양육 시스템은 움직이지 않는다. 그렇기 때문에 누구보다도 예배를 책임지고 있는 청소년 사역자가 먼저 예배에 목숨을 걸어야 한다. 기쁨과 감동이 넘치는 역동적인 예배를 위해 예배팀을 구성해서 함께 예배를 섬기는 것도 좋은 방법이다.

한편 반(소그룹) 모임도 예배만큼이나 중요하다. 한 반을 맡은 교사는 학생들을 파악하고 각 아이들의 신앙 활동 수준에 맞는 양육 프로그램에 참여시키는 역할을 해야 한다. 교회로 들어가는 첫 관문인 예배를 통과한 학생들을 안내하고 이끌어가는 역할은 소그룹을 인도하는 교사에게 달려 있다. 교사가 학생들을 잘 이끌면 학생들의 마음이 교회 공동체 쪽으로 크게 움직이게 된다. 그동안 나는 교회생활에 무관심했던 학생이 선생님으로 인해 변화되는 것을 자주 보았다. 교사의 말 한마디, 한마디의 힘이 생각 이상으로 크다. 적극적으로, 때로는 부드럽게 학생들의 마음을 읽으면서 그들을 교회의 깊은 데까지 이끌어야 한다. 그래서 신앙 활동 등급을 한 단계씩 끌어올리며 최종에는 함께 사역할 수 있도록 이끄는 교사가 반 목회를 성공적으로 이끄는 교사인 것이다.

이러한 양육-훈련 시스템은 다음은 같은 사명을 이루기 위해 오늘도 계속해서 진행되고 있다. 양육-훈련 시스템의 모든 것이 다음의 사명 선언문 안에 다 녹아 들어가 사명을 이루는 데 탁월하게 사용된다.

우리의 사명은
1. 청소년들을 그리스도께로 나아오게 하여(예배),
2. 부서에 안정적으로 소속하게 하고(교제),
3. 그들을 깨워(훈련),
4. 동역자로 삼아 교회와 학교에서 탁월한 리더십을 가지고 섬기게 하여 (사역)
5. 또 다른 청소년들을 그리스도께로 이끌도록 함으로(증거)
   나라와 민족 그리고 열방 앞에 책임감 있는 영적 야성을 지닌 하나님의 인물로 만드는 것입니다.

Part.5

# 제자훈련 교역자가
# 꼭 알아야 할 5가지 Tip

## 좌충우돌 Tip: 1

# 제자훈련 철학으로
# 스스로를 무장하라

제자훈련은 한 사람의 교역자로부터 시작된다. 하나님은 그 교역자의 비전과 열정 그리고 제자훈련에 대한 확고한 신념을 사용하시어 자신의 일을 시작하신다. 무엇보다도 교역자는 제자훈련 철학으로 단단히 무장해야 한다. 대충 시작해서 잘 안 되면 그만두는 것이 아니라, 한 사람을 세우는 것이 목회의 본질임을 직시하고 스스로 철저하게 제자훈련 철학으로 무장해야 하는 것이다. 특히 영적으로 황무한 청소년 사역의 대전환을 위해서라도 사역자가 제자훈련에 제대로 미쳐야 한다. 이런 비장한 각오 없이 시작한 제자훈련은 또 다른 프로그램으로 전락할 수밖에 없을 것이다. 제자훈련이 아니면 안 된다는 결심으로 도전하라.

사랑의교회라는 제대로 갖추어진 토양에서도 청소년 제자훈련을 시작할 때 어려운 장애물이 많았다. 그때마다 나는 주저앉고 싶었지만 제자훈련 철학으로 일관되게 무장한 덕분에 다시 일어설 수 있었다. 처음 시작하고 도전하는 것은 그 누구도 경험한 적이 없기에 사역자는 외롭고 고독하다. 이것을 이기려면 철저히 무장해야 한다. 가장 좋은 것은 제자훈련 사역에 일생을 걸고 분투해 오신 선배 목사님들의 말씀을 경청하며 자기의 것으로 삼는 것이다. 국제제자훈련원에서 진행하는 제자훈련지도자 세미나에 꼭 참석할 것을 추천한다. 형편상 참석이 여의치 않다면 옥한흠 목사님의 홈페이지(http://johnoak.s arang.org)에 들어가서 총신대학교 신학대학원 개강수련회에서 강의하신 '이것이 목회의 본질이다' 라는 영상을 보길 바란다. 또한 옥 목사님의 저서 『다시 쓰는 평신도를 깨운다』(국제제자훈련원)는 제자훈련의 교본과도 같은 책이다. 정독을 여러 번 하며 제자훈련 사역에 대한 비전과 열정을 머리와 가슴에 채워야 할 것이다. '광인론' 이라는 강의를 듣고 부족하고 나약한 사역자 한 사람이 청소년 제자훈련에 미쳐 헌신했듯이, 제자훈련 강의와 책들로 인해 제자훈련의 비전을 세우고 앞으로 나아갈 힘을 얻을 수 있을 것이다. 또한 초심이 흔들릴 때마다 영적 나침반의 역할을 해줄 것이 분명하다.

 Tip: 2

# 제자훈련의 토양을 만들기 위해 비전을 공유하라

가장 먼저 제자훈련의 토양을 만들기 위해서는 담임목사님 및 부서 교사들과 청소년 제자훈련에 대한 비전이 공유되어야 한다. 혼자만의 열정을 가지고 독불장군처럼 나가는 것은 지혜롭지 못한 방법이다. 다행인 것은 이제는 제자훈련이 교회마다 많이 보편화되어가고 있기 때문에 담임목사님의 경우에 훈련에 대한 이해는 하고 있다는 것이다. 그렇기 때문에 서둘지 말고 차근차근 계획을 세워서 담임목사님께 청소년 제자훈련에 대한 필요성과 구체적인 진행방향, 제자훈련의 효과를 분명하게 말씀드리고 공감대를 이끌어내야 한다.

이와 동시에 교사들과도 비전이 공유되어야 한다. 제자훈련을 통해 청소년들의 영적 체질이 바뀌고, 섬기는 장(場)에서 자신의 몸과 마음을 헌신하여 섬기며 그들과 함께 동역하는 그날을 꿈꾸고 비전을 공유해야 하는 것이다. 제자훈련에 대한 책을 함께 읽고 치열하게 토론하며, 제자훈련에 대한 그림을 모두의 마음속에 그려주라. 교사들과 함께 읽고 생각하고 토론하기 위한 책으로는 옥한흠 목사님의 『이것이 목회의 본질이다』(국제제자훈련원)를 추천한다. 제자훈련에 대한 동기부여를 확실하게 해주는 깊이 있는 책이다.

모든 교사들의 마음이 하나로 모아지는 데에는 생각보다 많은 시간이 걸릴 수 있다. 그러니 너무 조급하게 서두르지 말라. 교역자가 교사 한 분, 한 분을 붙들고 마음을 모으기 위해 불철주야 노력한다면 결국 그 마음들은 모아지고 제자훈련이 실현될 것을 확신한다.

마지막으로는 학생들과 비전을 공유해야 한다. 이 부분이 가장 어려운 점이다. 학업에 몰두해 있는 학생들을 예배로 이끌어내기도 어려운데 그보다 훨씬 힘든 제자훈련으로까지 끌어낸다는 것은 보통 일이 아니다. 하지만 교역자의 마음에 품고 있는 제자훈련에 대한 열정은 전염성이 강하다는 것을 알아야 한다. 그 열정은 생각보다 매우 큰 능력을 갖고 있다. 그래서 학생들을 제자훈련으로까지 끌어들인다. "내가 다시는 여호와를 선포하지 아니하며 그의 이름으로 말하지 아니하리라 하면 나의 마음이 불붙는 것 같아서 골수에 사무치니 답답하여 견딜 수 없나이다"(렘 20:9)라고 고백한 예레미야의 심정으로 학생들에게 제자훈련에 대한 비전을 제시하고, 마음을 모아 나간다면 하나님이 준비하신 학생들을 분명 만나게 될 것이다.

좌충우돌 Tip: 3

# 처음의 선택이 10년을 좌우한다

제자훈련에서 제일 중요한 것이 '선택'이다. 첫 번째 제자훈련에서는 훈련받을 학생들의 자격 기준을 높게 잡아야 한다. 그 이유는 이 학생들이 첫 번째 학생 리더로 서임받고 후배들을 맡아 섬기는 것을 살펴본 후 제자훈련을 계속해도 좋을지 결정하게 되기 때문이다. 어떤 교회든지 하나님이 기뻐하시는 신실한 청소년 한두 명은 심어놓으셨다고 믿는다. 정말 영적인 면에서나, 생활적인 면에서 많은 학생들에게 본이 되고 영향력을 끼칠 수 있는 학생이 교회마다 있다. 그런데 이런 학생들이 훈련에 지원하지 않았다면 교역자가 직접 만나서 지원을 권해야 한다. 첫 제자반이 중요하기 때문에 그렇다. 필요하다면 그 학생의 부모님도 설득해야 한다.

첫 번째 제자훈련이 향후 10년을 좌우한다. 그래서 더더욱 신실한 학생을 선발하는 것이 중요한 것이다. 첫 훈련에 교역자는 모든 것을 헌신해야 한다. 인원이 많다고 절대로 좋은 것이 아니다. 오히려 인원이 적을수록 유리하다. 인원이 적을 경우에는 그 학생들을 교역자가 직접 책임지고 훈련하는 것이 좋다. 그럼에도 불구하고 하나님이 은혜를 베푸셔서 지원한 인원이 많을 경우에는 몇 개 반으로 나누어서 제자훈련의 경험이 있는 교사들과 함께 동역해야 한다. 첫 훈련을 성공적으로 마치기 위해서는 교역자의 열정과 교사들의 끊임없는 기도의 뒷받침이 있어야 한다.

사랑의교회 청소년 주일학교에서도 첫 번째 학생 리더들이 정말 헌신적으로 섬기고 수고해 주었기에 지금까지 그 정신을 이어받아 5년 이상 제자훈련을 지속해 오고 있다. 이뿐만이 아니다. 제자훈련 사역이 청소년 사역의 핵심이 되었으며, 모든 사역이 훈련 사역을 중심으로 이루어지게 되었다. 만약 첫 번째 학생 리더들이 잘해 주지 못했다면 이렇게까지 지속적으로 이어지지는 못했을 것이다. 처음 학생들을 선택하는 것이 제자훈련의 10년을 좌우한다는 것을 명심하고 시작하길 바란다.

Tip: 4

# 지칠 때마다 제자훈련의 스피릿(Spirit)을 공급받아라

교역자가 청소년 제자훈련 사역에 헌신하는 것은 호랑이의 꼬리를 잡는 것과 같다는 생각을 많이 한다. 놓을 수도 없고, 잡을 수도 없는 그야말로 긴장의 연속이다. 그렇기 때문에 사역의 피로가 빨리 쌓이게 된다. 사역의 피로는 영적 침체로 이어질 수 있기 때문에 그때마다 영적으로 공급을 받아야 한다. 공급받을 수 있는 통로는 세 가지이다.

첫째는 청소년 제자훈련을 하는 사역자들과 함께 사역의 고민을 나누고 상담하며 격려를 받을 수 있는 모임을 갖는 것이다. 동병상련(同病相憐)의 정을 나눌 때 사역의 피로감이 풀리게 된다. 동일한 마음을 품고 청소년 제자훈련 사역에 헌신한 동료, 선후배 교역자를 찾아가라.

둘째는 제자훈련 사역에 헌신한 선배들의 책을 읽는 것이다. 힘들고 어려울 때마다 이런 책들은 질식할 것 같은 사역자의 영혼에 '영적 산소 호흡기'를 달아준다. 교회 안에서 제자훈련을 하는 사역자들의 책은 물론, 교회 밖 선교 단체에서 사역하고 있는 분들의 책까지 언제나 곁에 두고 읽고 또 읽는다면 사역의 피로감으로부터 벗어날 수 있다.

셋째로는 제자훈련 철학의 기초가 되는 강의를 듣는 것이다. 나 같은 경우에는 제자훈련과 관계된 강의를 반복해서 듣고 또 듣는다. 같은 것인데도 반복해서 들을 때마다 마음에 다가오는 것이 다르고 감동도 다르기 때문이다. 그리고 다시 일어날 수 있는 힘이 생긴다.

제자훈련 사역자가 쉽게 지치는 것은 너무나도 당연한 일이다. 그때마다 제자훈련 스피릿을 공급받을 수 있는 곳을 찾아야 한다. 교역자 한 사람이 주저앉는 것은 청소년 부서 전체가 주저앉게 되는 것임을 명심해야 할 것이다.

 Tip: 5

# 최소한 3년간 한 우물을 파라

한국 교회의 청소년 부서의 양적, 질적 성장이 침체된 원인 가운데 하나가 청소년 사역자의 잦은 교체이다. 교회의 구조적 문제로 불가피하게 교역자가 사역지를 옮기는 경우도 있지만 교역자 자신이 청소년 사역을 담임목사가 되기 위해 거쳐가는 디딤돌 정도로 여기고 그 다음 사역지를 향해 떠나는 경우도 많다. 하지만 제자훈련을 하겠다고 나섰다면 청소년 교역자 자신은 적어도 3년 동안은 사역지를 옮기지 않겠다는 결심을 해야 한다. 청소년 제자훈련이 부서에 뿌리를 내리는 최소한의 시간이 3년이라고 생각하기 때문이다.

부임한 지 1년차 때부터 제자훈련을 시작하면 좋겠지만 부서의 상황과 토양을 분석해야 하기에 바로 시작할 수는 없다. 담임목사님, 교사들 그리고 부서에 속한 학생들과 비전을 공유하는 시간도 필요하다. 그러다 보면 거의 1년이란 시간이 훌쩍 지나가버린다. 이렇게 준비한 후 비로소 2년차에 제자훈련과 리더훈련이 시작된다. 그렇게 부지런히 시작해도 훈련받은 학생들이 학생 리더로 서임받는 것은 교역자가 부임한 지 3년차가 되는 해이다. 3년차에 처음으로 학생 리더와 함께 동역을 하게 되는 것이다. 1년 동안 리더들과 함께 동역하고 나서 후임 교역자에게 사역을 계승하기란 쉽지 않다. 그렇기 때문에 3년이란 시간은 최소한의 시간이다. 청소년 사역자는 자신을 기차 대합실에서 기다리다가 기차가 오면 떠나는 승객으로 여겨서는 안 된다. 그런 마음가짐으로는 청소년 제자훈련을 성공시킬 수 없다.

자신이 맡은 분야에서는 최고의 전문가가 되어야겠다는 열망을 가지길 바란다. 최소한 3년간 한 우물을 파야 한다. 제자훈련에 대한 열정과 비전을 가지고 하나님께 기도드리며 최선을 다해 사역을 한다면 분명히 하나님이 길을 열어주실 것이다.

**에필로그** 청소년 제자훈련의 비전을 세우라

지금 한국 교회 청소년들은 신앙적인 절체절명의 위기에 처해 있다. 입시라는 경쟁 속에서 살아남기 위해 삶의 모든 것을 학업과 성적에 걸고 있다. 원하는 명문 대학에 들어갈 수만 있다면 신앙을 포기하는 것은 당연시되어가는 실정이다. 자신의 필요에 따라 얼마든지 붙일 수도 있고, 뗄 수도 있는 것이 신앙이 되어버렸다. 그리고 입시 전쟁에서 도저히 승산이 없다고 판단하고 자포자기한 아이들은 거리로 내몰려 어둠 속에서 방황하고 있다. 이들에게 신앙은 더 이상 삶의 힘이 아니게 되었다. '나' 아니면 그 누구도 믿을 수도 없고 믿어서도 안 되는 상황으로 내몰리게 되어 '나'만 아는 이기주의가 팽배하고 있다. 학교도, 가정도, 심지어 교회마저도 이들의 마음을 싸매어주고 힘을 북돋아 세상을 향해 나설 수 있게 해주는 데는 더 이상 역부족인 것처럼 보인다. 이들을 위한 온갖 종류의 청소년 프로그램이 나오지만 대증요법에 불과할 뿐이다. 그때만 잠시 증세를 완화시켜줄 뿐 근본적인 원인을 치료해 주지 못하고 있는 것이다. 그 어떤 대안이나 처방도 청소년들에게 제대로 들지 않는다. 백약이 무효라는 말이 실감 날 정도이다. 그렇다고 이들을 그냥 방치할 수는 없다. 방치는 곧 죽음을 의미하는 것이기 때문이다. 그것은 한국 교회가 청소년들에게 하나님 앞에서 직무유기의 죄를 짓는 것이기도 하다. 어떻게 해서든지 청소년들을 살려야 한다. 의식이 없고, 심장과 폐의 기능이 멈추어가고 있는 환자에게 '심폐소생술'이라는 마지막 기회를 제공하는 것처럼 한국 교회 청소년들에게도 영적 심폐소생술이 절실히 필요하다.

나는 죽어가는 아이들을 살려내는 것이 급선무라는 생각으로, 교회만이 이 학생들을 살릴 수 있다는 책임감으로 청소년 제자훈련 사역에 뛰어들었다. 처음에는 과연 학생들이 적응할 수 있을까 반신반의했다. 오히려 힘들어 포기하려는 학생들을 보며 괴로워했고, 주위의 따가운 시선과 비판을 받을 때는 자괴감으로 괴로워 밤잠을 설치기도 했다. 그럴 때마다 나는 눈물과 땀으로 범벅이 되어 하나님 앞에 통곡

하며 기도했다.

나는 다시 일어나 한 번도 다른 생각을 품지 않고 묵묵히 훈련사역에 전념했다. 대증요법이 아닌 병의 근본적인 본질을 붙들고 씨름해야 나을 수 있다는 신념이 있었기에 가능한 것이었다. 그리고 시간이 지나면서 '본질을 붙드는 곳에 길이 있다'는 단순한 진리가 참이었음을 깨닫게 되었다. 그리고 그 길을 통해서 놀랍게 역사하시는 하나님을 발견할 수 있었다.

청소년들도 제자훈련을 할 수 있다. 아니, 제자훈련이야말로 청소년들을 위해 존재한다고 자신 있게 말할 수 있다. 그리고 그들을 깨워 함께 동역해야 한다고 생각한다. 그들의 영적 잠재력은 상상을 초월하는 것이다. 우리가 보기에는 정말 어리고, 작고, 반항적이어서 아무것도 할 수 없는 아이들처럼 보이지만, 하나님은 그렇지 않으셨다. 청소년들을 통해 오래전부터 계획하신 일이 있으셨던 것이다.

훈련을 하며 하나님이 얼마나 오랫동안 기다리고 계셨는지를 깨달았다. 제자훈련을 지원하는 새벽이슬 같은 주님의 자녀들이 그렇게 많을 줄은 몰랐다. 학생 리더로 사역하는 아이들이 그렇게 황홀하게 사역을 감당할 줄은 몰랐다. 목사 된 자가 오히려 그들에게 배워야 할 것들이 그렇게 많을 줄은 정말 몰랐다. 하나님이 마음껏 일하시는 것을 청소년들을 통해 보면서 하나님께 죄송스러워 얼굴을 차마 들지 못할 때가 많았다. 제자훈련이야말로 하나님이 이 시대의 청소년들과 교회에 베풀어주신 최고의 선물이다.

이 책을 읽으면서 '사랑의교회는 대형교회이고, 환경이 좋아서 할 수 있었지'라는 생각을 가진 사역자들에게 다시 한 번 도전의 말을 던지고 싶다. 오히려 대형교회라는 조건은 청소년 제자훈련을 하기에는 좋지 않을 수 있다. 제자훈련을 하지 않고 예배와 설교 일변도로 빠지기 쉽기 때문이다. 현실과 타협하여 학업에 쫓기는 학생들에게 제발 주일예배에만 나와달라고 하면서, 화려하고 탁월한 예배 인도자와 음악인들을 초빙하여 찬양예배를 진행하고, 수많은 자료와 영상물로 설교 시간을 채울 수도 있다. 이렇게 하면 서로가 편할 것이다. 하지만 나는 제자훈련을 택했다. 그리고 하나님은 부족한 나를 여기까지 이끌고 오셨다. 그 어느 지역에서도, 그 어느 규모의 교회에서도 청소년 제자훈련은 가능하다고 믿는다.

제자훈련에 대한 비전과 열정이 있다면 단 한 명의 학생으로도 시작할 수 있다. 그 한 명의 학생이 제자훈련을 통해 작은 예수로 거듭나고 진정한 그리스도의 제자로 세움받는다면 반드시 그곳에는 하나님의 역사가 일어난다. 한 명의 어린 영혼을 통해 우리의 생각을 뛰어넘는 크고 위대한 일을 하나님은 하신다. 사랑의교회이기 때문에 제자훈련을 한 것이 아니라 사랑의교회도 제자훈련을 한 것이다.

청소년들을 묶어놓지 말라. 그들이 하나님 앞에 한 영혼을 향한 비전을 가지고 비상할 수 있도록 세워주어야 한다. 마음껏 하나님의 일을 할 수 있도록 그 장을 계속 넓혀주어야 한다. 이렇게 할 때 비로소 청소년들이 교회로 다시 돌아와 그 마음을 교회에 둘 것이다. 그리고 교회 안에서 하나님의 꿈을 꾸고, 그 꿈은 반드시 이루어지게 될 것이다.

사랑의교회 고등부에서 첫 번째 학생 리더로 사역하고 이제는 23세 청년으로 장성한 한 학생의 글을 마지막으로 소개한다. 청소년 시절 자신이 받았던 훈련과 사역이 얼마나 자신의 삶에 큰 영향을 끼쳤는지를 고백하고 있다. 이 글을 읽으며 다시 한 번 한 영혼에 대한 열정을 회복하길 원한다.

2003년 3월, 고등학교 2학년의 새 학기가 시작됨과 동시에 저는 학생 리더 1기로 서임받았고 5명의 고1 학생들의 리더가 되었습니다. 정말 아무것도 모른 채 시작했던 학생 리더. 그러나 걱정 반, 기대 반으로 시작했던 사역은 너무나 빠르게 지나갔습니다. 사실, 리더훈련을 받고 학생 리더로 후배들을 처음 만나는 순간까지도 '후배들을 섬기는 것이 과연 나에게 어떤 은혜가 있을까? 괜한 고

생만 하는 것이 아닐까?' 하며 의심했습니다. 하지만 학생 리더라는 귀한 섬김의 자리를 통해 제 삶에서 너무나 소중한 경험들을 할 수 있었습니다. 실제적으로 좋아진 것은 커뮤니케이션 능력이 많이 좋아졌다는 것입니다.

원래 외향적인 성격의 소유자였지만 많은 사람들 앞에서 이야기하는 것은 익숙하지 않았습니다. 하지만 리더훈련을 받고, 소그룹(반)을 인도하면서 후배들과 눈 맞춤(eye-contact)을 하고, 필요한 내용을 짧은 시간 내에 정리하여 이야기하며, 후배들의 말을 듣고 종합하는 등의 커뮤니케이션 능력이 향상되었습니다. 이후 제가 말하고자 하는 바를 보다 더 효과적으로 전달할 수 있게 되었고 사람들 앞에서 이야기하는 것에 대해 보다 자신감을 가질 수 있게 되었습니다. 그것은 지금의 대학생활에도 좋은 영향을 주어 발표를 한다든가, 토론할 때 정말 큰 도움이 되고 있습니다. 앞으로 직장생활을 할 때에도 적지 않은 영향을 발휘할 것으로 기대합니다.

또한 학생 리더를 하면서 하나님과의 깊은 만남을 가질 수 있었습니다. 제자훈련과 리더훈련을 받고 무엇보다 아이들을 섬기고 이끌어주어야 하는 자리에 있다 보니 자연스럽게 때로는 의식적으로나마 계속 하나님을 찾게 되었고 하나님과의 관계를 유지하기 위해 노력하였습니다. 그랬기 때문에 대부분의 청소년들이 사춘기를 겪고, 이런 저런 문제로 많이 힘들어하고 그 결과 탈선까지도 하게 되는 시기인 고교 시절을 나는 하나님만을 바라보면서 잘 이겨낼 수 있었습니다.

학생 리더를 하지 않았으면 만날 수 없었던 축복된 만남들도 큰 영향을 미쳤습니다. 지금까지도 계속 연락하면서 성장하는 모습을 보며 서로 기도해 주는 동갑내기 학생 리더 동료들, 그때 섬겼던 후배들, 12기까지 배출된 수많은 학생 리더 후배들, 우리의 훈련을 담당해 주셨던 선생님들, 그리고 영적 아버지이신 김광석 목사님은 계속해서 내 삶에 영적인 영향을 주고 있습니다. 이 모든 소중한 만남들이 그 시절 학생 리더의 추억을 풍성하게 해주고 있습니다.

비록 학생의 신분이었지만 저보다 어린 학생들을 직접 맡아 섬기면서 하나님의 사랑을 체험할 수 있었습니다. 우리 반 아이들을 보고 있노라면 피 한 방울 섞이지 않았음에도 그 누구보다 사랑스러웠고, 부족하지만 최대한 많은 것을 그들에게 주고 싶었습니다. 이런 제 모습을 보면서 하나님이 저를 향해 얼마나 무조건적인 사랑을 부어주셨는지를 느낄 수 있었고, 이후 제 삶에서 나를 향한 하나님의 사랑을 확신하면서 살아갈 수 있었습니다.

학생을 훈련시키고 리더로 세워 그 학생에게 또 다른 학생을 맡긴다는 것에 대해 많은 의견들이 있을 것입니다. 하지만 학생 리더를 직접 경험해 본 바로는 청소년이 마냥 어린 존재들이 아니라는 것입니다. 분명 그들은 겉으로는 보이지 않는 잠재력을 가지고 있습니다. 이런 학생들의 잠재력을 깨워주고 성장시켜주는 것이 진정한 신앙교육일지도 모릅니다. 더 많은 청소년들이 훈련을 받고,

믿음이 성장하여 힘껏 섬길 수 있는 사역의 장이 많이 마련되었으면 좋겠습니다. 그리고 그곳에서 제가 학생 리더로서 경험했던 것 이상으로 하나님과의 많은 소중한 경험들이 나오길 원합니다.

제자훈련을 통해 청소년들의 믿음과 자질을 깨우고, 동역자로서 활동할 수 있도록 인정해 주고, 세워준다면, 이 땅의 청소년들은 지금보다 훨씬 더 강해지고 시대를 섬기고 나아가는 하나님의 인물로 우뚝 서게 될 것입니다. 청소년을 깨워 그리스도의 제자로 삼아 함께 동역하게 하는 것은 하나님의 강렬한 요청이요, 이 시대를 살아가는 기독 청소년들의 요청이라고 할 것입니다. 지금이 더할 나위 없이 가장 좋은 최적의 기회입니다. 청소년들을 사랑하고 그들과 함께 큰 꿈을 품고 나아가는 청소년 사역자들은 청소년들을 깨워 동역자로 삼는 제자훈련 사역을 향해 새로운 도전을 하시길 간절히 소망합니다.

좌충우돌 청소년 제자훈련 이야기

부록

청소년 제자훈련
자료실

## 청소년 제자훈련 안내문

1. 과정 개요

　사랑의교회 청소년 제자훈련(DTS)은 평신도를 깨워 동역자로 삼고 그리스도의 장성한 분량에까지 이르게 하는 사랑의교회 목회 철학이기도 한 제자훈련 프로그램을 고등부에 적용하여 '청소년을 깨워 동역자로 삼는다'는 목회 방침을 바탕으로 방학기간을 이용해 약 8주 동안 진행하는 고등부 사역과 양육의 핵심 코스 중에 하나입니다.
　제자훈련 과정을 통하여 훈련받은 학생들은 중보기도팀, LTC, 학생 리더, 사역팀(섬김 동아리) 등 교회와 공동체를 열정과 '섬기는 리더십'으로 섬기는 리더로 성장하게 될 것입니다.

2. 주요 목표
　1) 구원의 확신을 명확히 할 수 있다.
　2) 건강한 자아정체성을 지닐 수 있다.
　3) 신령과 진정으로 예배드리는 예배자로 설 수 있다.
　4) 청소년 시절에 하나님을 향한 비전을 품을 수 있다.
　5) 경건활동(말씀, 기도, 큐티 등)을 생활화할 수 있다.
　6) 열정을 품고 복음을 전할 수 있다.
　7) 섬기는 리더십으로 사역할 수 있다.

3. 지원자 주요 확인 사항

　제자훈련에 지원하는 학생 본인과 부모님은 반드시 다음 제반 사항을 확인 및 숙지하신 후 제자훈련 지원서 표지의 해당란에 학생 본인과 부모님이 직접 서명하시는 가운데 신중하게 제출해 주시기 바랍니다.
　지원서의 제반 기재 요건의 완비 및 반명함판 증명사진 2매, 독서 과제물, 담임교사 추천서 등 제반 첨부자료의 제출이 완결된 학생들

의 현장 접수만으로 인터뷰 인원을 제한합니다.(구비서류 완비 확인 후에만 현장 접수)

1) 고등부 제자훈련은 지원서와 구비서류를 접수 완료한 학생을 대상으로 학생 면접을 거쳐서 선발합니다.
   - 접수마감 :
     - ○월 ○일까지 현장 접수를 기준으로 지원서 접수 일괄마감 (※ 단, 인터넷 접수는 불가)
       → 반명함판 사진 부착(총 2매), 학부모 서명 필수 기재
       → Rf. 담임 추천서는 담임교사가 별도로 제출
   - 면접진행 :
     - ○월 ○일 오후 ○시~ ○시 ○관 ○호 예정
     - (서류 제출 완비된 학생들만을 대상으로 별도 통보)
     - 서류접수 완료 학생들에게만 담당교사(D.T.S.)들이 별도 연락하여 학생 개인별 시간 예약 공유 예정
   - 최종발표 :
     - ○월 제○주차에 홈페이지(high.sarang.org) 〈게시판〉 공지, 훈련대상자에게 별도 문자(전화) 통보

2) 제자훈련 지원서는 고등1, 2부 행정팀에서 배포됩니다. 또한 고등1, 2부 홈페이지 자료실에서 직접 다운로드 받을 수도 있습니다. (자료실 다운로드 시에 전자문서 버전 확인 요망, 'DTS과정안내문_2008여름_청소년제자훈련.hwp')
   단, 신청서 접수는 인터넷을 통한 e-메일 접수는 불가하고 접수기간 내 현장 서류접수만을 인정합니다.

3) 제자훈련은 200○년 ○월 ○일(○요일)에 개강 예배로 시작됩니다. 종강은 200○년 ○월 ○일(○요일)입니다. 훈련시간은 매주

토요일 오후 ○시 ○분~○시까지 진행될 예정이며, 훈련장소는
○관 ○호에서 진행됩니다.

4) 제자훈련 기간 중에 공식 일정의 하나인 제자훈련 1박 수련회 차
원의 MT에도 반드시 참석하여야만 합니다. 제자훈련 MT는 제
자훈련 기간 중에 1박 2일로 사랑의교회 안성수양관에서 진행될
예정이며, 소망관 403호에 모여서 함께 출발합니다.

5) 제자훈련 기간 중에 훈련받는 학생들은 반드시 주요 고등부 행사
(여름수련회, 리더십 컨퍼런스 등)에 필수로 참석하도록 지정되어 있습
니다.

6) 제자훈련 기간 중에 원칙적으로 학생과 담임교사 모두 결석이
없도록 기도로써 준비합니다. 훈련기간 중의 결석은 불가피한
경우(※가족 여행 및 휴가 등의 사유로 결석 불가)에 한하여 1회까지만
허용되며 2회 이상 결석 시에는 정식 수료할 수 없습니다. (단, 결
석한 학생은 제자훈련 담임교사와 별도의 일정을 협의하여 보강을 예외 없
이 필수적으로 진행하게 됩니다.) 또한 학원수업 등의 사유로 불가피
하게 지각할 경우에도 벌금이 있고, 모인 지각비는 고등부에서
후원하는 '가브리엘의 집'에 기부됩니다.

7) 고등1, 2부 청소년 제자훈련에 필수적인 각 과제물이 있습니다.
과제물은 매주 다음과 같은 것이 있습니다.
① 교재 예습 ② 성경읽기 ③ 큐티 ④ 기도
⑤ 성경암송 ⑥ 독서과제 ⑦ 주일설교 요약 ⑧ 생활과제

8) 제자훈련비는 _____원입니다. 제자훈련이 확정된 학생들은 개
강일인 ○월 ○일(○요일)에 훈련비를 현장 접수하면 됩니다. (단,
제자훈련비는 2개월간 진행될 훈련과 관련한 교재비 등으로 활용)

(지원자 기초 자료)

| 사진 |
|---|
| 최근 6개월 이내 촬영 |
| ※ 필히 3X4 반명함판 증명사진 준비 부착 |
| ※ 중보기도 카드용 |

## 제자훈련 지원서 1

| 사진 |
|---|
| 최근 6개월 이내 촬영, 총 2매 |
| ※ 필히 3X4 반명함판 증명사진 준비 부착 |

| 이름 | | 남 □ 여 □ |
|---|---|---|
| 생년월일 | | 양 □ 음 □ |
| 휴대폰 | | 본 인 / 부모님 |
| 집전화 | | |
| 주소 | (우편번호       ) | |

| 소속학교 | | 학년, 반 | |
|---|---|---|---|
| 신급상황 | 유아세례 (   )   학습 (   )   세례 (   )   입교 (   ) | | |
| 사랑의교회 출석기간 | 년        개월 | | |
| 고등부 주일학교 | 주일 ___ 시 예배 ___학년 ___반 (담임 _____ 선생님) | | |
| 소속 및 활동 중인 고등부 섬김동아리 | | | |

※ 담임 추천서는 교사가 별도 제출 / ※ 이미 소속하여 활동중인 사역팀(섬김동아리)이 2개 이상일 경우 복수 기재 가능

| 가족사항 | | | | | | |
|---|---|---|---|---|---|---|
| 관계 | 이름 | 생년월일 | 신급 | 교회직분 | 직업 | 교회출석여부 |
| | | | | | | |
| | | | | | | |
| | | | | | | |
| | | | | | | |

학생의 보호자/학부모로서 제자훈련 안내문 내용을 숙지한 가운데,
청소년 제자훈련 참가에 동의합니다.

학 부 모 _____ (서명)

지원자 본인은 청소년 제자훈련의 제반 내용과 훈련일정을 확인하고
신중하게 지원합니다.

지 원 자 _____ (서명)

※ '주일학교 담임교사 추천서' 는 별도 서류로 해당 담임교사가 직접 작성하여 교역자분들에게 제출하게 됩니다.

## 제자훈련 지원서 2

"내 마음 그리스도의 집*"을 자신이 직접 읽고 나서, 단순 요약이 아닌 '독후감'을 작성(필요시 별지 첨부 가능)
※ 학생 본인이 직접 읽지 않고 다른 사람의 도움 등으로 작성된 내용은 구술 인터뷰 때 자연스럽게 나타납니다.

1. 책의 내용을 먼저 본인이 직접 요약해 보세요.

2. 책의 내용 가운데 가장 감명 깊었던 점은 무엇인가요?

3. 책의 내용에 비추어 볼 때 자신의 마음에서 고쳐야 하는 부분이 있다면 무엇인가요? 그리고 그것을 고치고 변화하기 위해서 구체적으로 무엇을 해야 하는지에 대해 적어 보세요.

* 지은이는 로버트 멍어이고, IVP(한국기독학생출판부)에서 펴낸 소책자입니다.

## 청소년 제자훈련을 위한 주일학교 담임교사 추천서

**추천 대상 학생 :**

**추천 담임교사 :** 주일 (   )시 예배 (   )학년 (   )반 교사(        )

※ 담임교사는 본 추천서 작성 전에 '청소년 제자훈련 안내문(별지)'을 꼭 읽어주시기 바랍니다. 본 추천서를 (학생에게 공개하지 마시고) 봉투에 밀봉하여 선생님이 전도사님께 직접 전달해 주십시오!

1. 지원자의 다음 항목에 대한 의견을 기록해 주세요.
   (해당되는 곳에 V표를 하되, 각 항목별로 정확하게 평가해 주십시오.)

| 내용 \ 평가 | A | B | C | D | E |
|---|---|---|---|---|---|
| 구원의 확신 | | | | | |
| 주일예배 정시 출석 | | | | | |
| 반 소그룹 참여도 | | | | | |
| 섬김 동아리 활동 | | | | | |
| 신앙의 성숙도 | | | | | |
| 말씀생활 | | | | | |
| 기도생활 | | | | | |
| 대인 관계 | | | | | |
| 전도의 열정 | | | | | |
| 배우려는 열정 | | | | | |
| 자기관리 능력 | | | | | |
| 성실성 | | | | | |
| 진실성 | | | | | |
| 적극성과 주도성 | | | | | |
| 긍정적인 자세 | | | | | |
| 심리적/감정적인 균형감 | | | | | |
| 육체적인 건강/안정성 | | | | | |
| 정신적인 건강/안정성 | | | | | |
| 가정생활 만족도 | | | | | |
| 교회생활 호응도 | | | | | |
| 기타 특기사항 | | | | | |

2. 지원자는 주일학교 반별 소그룹 모임에서 현재 어떤 역할과 참여도를 보이고 있습니까? 학생의 주일모임 참여에 대한 의견과 정보를 공유해 주시기 바랍니다.

3. 지원자의 주일학교 신앙생활을 통해 파악된 은사와 장점이 있다면 무엇입니까?

4. 지원자의 성격에 대해 명료하게 서술해 주세요.
   예시) 명랑하다, 우울하다, 안정되어 있다, 감정 굴곡이 심하다, 긍정적이다, 부정적이다, 순종적이다, 고집이 세다, 집중력이 있다, 산만하다, 소신이 있다, 의지가 약하다, 리더십이 있다, 따르는 편이다, 겸손하다, 교만하다, 온유하다, 다혈질이다, 하고 싶은 욕심이 많다, 절제한다, 협조적이다, 이기적이다 등등.

5. 지원자를 제자훈련에 추천하는 이유를 구체적으로 적어주세요.




6. 지원자가 제자훈련을 통해 변화받아야 할 점과 고쳐야 할 점이 있다면 무엇입니까?




7. 추천하시는 학생이 학생 리더로서 후배들을 맡아 섬길 만한 자질이 어떤 면에서 있다고 생각하십니까?




본 추천서는 담임교사로서 본인이 아는 한에서 정직하고 공정하게 기록하였습니다.


작성 일자 200   년    월    일

추천인 서명            (인)

## 청소년 제자훈련 지원자 선발 인터뷰

| Interviewer | | 면접일자 | 년 월 일 | 면접시간 | ~ | |
|---|---|---|---|---|---|---|
| 학생이름 | | 주일소속 | 8시 / 10시 | 학년 | | 반 |

☞ 인터뷰 담당 DTS 교역자/선생님들이 공통된 기준으로 인터뷰를 진행하여 평가와 배치에 전체적인 형평성을 기함
☞ 학생 호명 전에 지원서의 주요 내용과 주일 출석률, 공과 운영의 참여도 및 담임 Recommendation을 사전 검토

※ 먼저 해당 학생과 밝게 인사를 나누시고, 면접을 담당하시는 선생님 자신을 소개해 주시기 바랍니다.

| Interview Question | Response (지원한 학생의 답변 내용 중 중요사항 약술) | Rf. |
|---|---|---|
| 이번 제자훈련에 지원한 '동기/이유'는 무엇인가? | 본인의 참여 의지　A　B　C　D　E | |
| 지원한 학생은 지금 '제자훈련'이 무엇이라고 생각하는가? 그렇다면 이번 '제자훈련'을 통해서 자신이 얻고자 기대하는 것'은 과연 무엇인가? | 제자훈련 참여 적절성　A　B　C　D　E | |
| '내 마음 그리스도의 집'을 본인이 직접 읽었는가? 책 내용을 간단하게 요약해서 설명해 줄 수 있는가? | 과제 성실수행 상태　A　B　C　D　E | |
| 책 내용에 비추어 볼 때, 현재 자신의 마음에서 고쳐야 하는 부분이 혹시 있는가? 만일 있다면 무엇이라고 생각하는가? (지원 학생의 향후 과제수행 능력 정도 가늠 질문) | 과제 이해 및 적응도　A　B　C　D　E | |
| 혹시 지금 죽게 된다면 '구원' 받을 수 있다고 생각하는가? 학생이 그렇게 생각하게 된 이유는? ('성경구절'이나 '삶의 변화된 기준' 등을 중심으로 구체적으로 설명) | | |
| 현재 부모님과 가족들이 기독교인인가? 제자훈련 참여에 대해서 부모님은 어떻게 생각하고 계시는가? | 부모님과 가정의 공감　A　B　C　D　E | |
| 기타 인터뷰 진행자의 현장 상황에 맞는 적정 질문 (혹시 제자훈련에 대해 궁금한 점이 있다면?) | | |
| 마지막으로 지원학생이 직접 기도하고 마무리한다. | | |

※ 해당 학생과 인사를 나누시고, 인터뷰를 마치신 후에는 차분하게 면접결과를 후처리 기록 부탁드립니다.

## 청소년 제자훈련 지원자 선발 인터뷰 (학생 작성용)

| 학생이름 | | | | | |
|---|---|---|---|---|---|
| 담임교사 | | 주일소속 | 8시 / 10시 | 학년 | 반 |

1. 제자훈련에 대한 솔직한 지원 동기와 학생 자신이 본 훈련에 임하는 각오는 각각 무엇입니까?




2. 총 8주간의 훈련 기간을 온전히 참여하는 가운데 제자훈련을 받는 것은 여러분의 선배들과 선생님들의 경험상 지원 당시에 가진 결단과 참여 의지가 있더라도 쉽지만은 않습니다. 자신이 위에서 언급한 스스로의 각오를 지키는 데 있어서, 현실적으로 실천 가능한 자기관리 계획들 몇 가지가 있다면 생각나는 대로 나열해 보세요.




3. 고등1, 2부 여름수련회(겨울수련회) 전체 일정에 필수 참석이 가능한가요?
   예        아니요      (만일 불가능하다면 그 이유는?)

4. 자기관리 가운데 제자훈련 기간(매주 토 PM 2:30~6:10)에 대하여 온전한 헌신이 가능한가요?
   총 8주 훈련기간에 최우선적 참석 여부
   예      아니요      (만일 불가능하다면 그 이유는?)


5. 제자훈련 훈련 기간 중인에 1박 2일 MT 워크숍에 필수 참석 가능한가요?
   예      아니요      (만일 불가능하다면 그 이유는?)


6. 현재 소속되어 참여 중인 사역팀(섬김 동아리)은?
   그 사역팀을 선택하여 활동하게 된 계기(이유)는?
   소속 사역팀(섬김 동아리) :

   학생 본인이 생각하는 참여의 성실도는 몇 점인가요?
   스스로 자신의 참여도에 이런 평가를 내린 이유는?
   학생 자신의 참여도 평가   100점 중에        점


7. 제자훈련 과정을 통해 훈련받은 학생들은 학생 리더, 사역동아리, 학교중보기도모임 등 자신의 교회와 공동체를 열정을 갖고 섬기는 '섬김의 리더십'을 키워나가는 것을 훈련목표로 삼고서 제자훈련 기간 중에 섬김 동아리 가입 및 활동을 필수사항으로 정하고 있습니다. 지원학생이 고등부 사역팀 중에서 참여를 희망하는 사역팀이 있다면 어떤 부서를 생각하고 있나요? 그 이유는?

## 제자훈련 서약서

제자훈련을 시작하기에 앞서 본인은 이 훈련을 오직 하나님께 온전히 의뢰하오며, 아래 사항을 약속합니다.

1. 나는 훈련생으로서 제자훈련에 최우선 순위를 두며 결석은 생각도 하지 않는다.

2. 나는 제자훈련 기간 중 두 번 이상 결석할 경우 자동 탈락될 것이다.

3. 나는 매주 제자훈련에 참석하기 전에 제자훈련 과정에서 요구하는 아래 과제물을 최선을 다하여 성실하게 준비한다.
   - 교재예습, 성경읽기, 성경암송, 큐티, 설교요약, 독서물, 매일기도(10분 이상), 생활과제

4. 나는 그룹토의와 대화에 자유롭게 그리고 책임감을 가지고 적극적으로 참여한다.

5. 나는 본 제자훈련 과정 중 나누었던 훈련생들의 개인적인 내용이나 기도제목에 대한 비밀을 신의 성실로 지키는 가운데 상대방을 온전히 배려하고 보호한다.

6. 나는 제자훈련 훈련생 모두 예수 그리스도의 제자로 변화되고 성숙한 삶의 열매를 맺어갈 수 있도록 최선을 다한다.

7. 나는 나 자신보다 남을 낫게 여기고 서로를 용납하고 사랑하는 한 팀과 공동체가 될 수 있도록 최선을 다한다.

위 사항을 성실하게 최선을 다하여 지킬 것을 하나님 앞에서 약속합니다.

200  년   월   일

훈련생　　　　　　　서명

(확인) 학부모　　　　서명

## 주간 계획서 작성 및 활용법

### 효과적인 스케줄 관리원칙 : 계획-실행-평가 (Plan-Do-See)

#### 1. 계획하라

일주일에 15분만 시간을 내서 계획표를 짜도록 하라. 많은 변화가 일어날 것이다. 왜 하필 주간계획이어야 할까? 일주일 단위로 생각하는 게 편하다. 매일매일 계획을 짜는 것은 너무 협소하고, 한 달 단위로 계획을 짜는 것은 너무 광범위하기 때문이다. 계획표가 생겼으면, 다음 세 단계에 따라 주간계획을 세워보도록 하자.

1단계 : 큰일들이 무엇인지 정하라.

주말이나 주일에 다음 주에 해야 할 일을 기도하며 생각해 보라. 이미 정해진 일들, 예를 들어 보충수업 시간은 주간 계획서 (Weekly Planner)의 시간표에 적어보라. 그리고 그 외의 것들에 대해서는 "하나님, 다음 주에 제일 중요한 일이 무엇인지 알려 주세요"라고 기도한 후 마음과 생각에 떠오르는 것들을 적어보라. 그것이 그 주의 큰일들이다. 그것들은 아마도 작은 목표들처럼 보일 텐데, 그런 것들이 모여서 장기적인 큰 목표가 되는 것이다. 아마 다음 예시와 같은 큰일들이 있을 것이다.

- 이번 주에 할 큰일들
  1) 주일예배 드리기

2) 제자반 참여하기

3) 수학시험 준비

4) 할아버지께 인사드리기

5) 운동 세 번 하기

2단계 : 큰일들을 위한 시간을 배분하라.

혹시 어린 시절에 큰 돌 실험을 해본 적이 있는가? 양동이에 작은 돌과 큰 돌을 같이 넣을 때, 작은 돌들을 먼저 넣고 나서 그 위에 큰 돌을 넣으면 큰 돌을 다 넣을 수가 없다. 하지만 반대로 큰 돌을 먼저 넣고 작은 돌들을 넣으면, 작은 돌들이 큰 돌들 사이에 들어가기 때문에, 돌들을 다 넣을 수가 있다. 큰 돌과 작은 돌을 넣는 순서만 다를 뿐이다. 작은 돌들을 먼저 넣으면 큰 돌들이 다 들어가지 않는다. 하지만 큰 돌들을 먼저 넣으면 큰 돌과 작은 돌 모두 다 들어간다. 이제 큰 돌이 중요한 일이고 작은 돌이 매일 매일의 사소한 일, 즉 전화 받기, 잡일, 쓸데없는 참견 등이라고 생각해 보자. 이 이야기의 교훈은 큰일들에 대한 계획을 먼저 세우지 않으면 그 일들을 할 수 없다는 것이다. 그리고 아래 〈그림 1〉에서 작은 돌부터 넣는 방식의 전통적인 시간 관리법과 큰 돌부터 넣는 효과적인 시간 관리법을 비교해 보라.

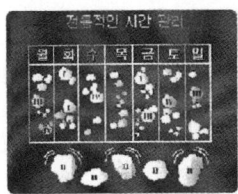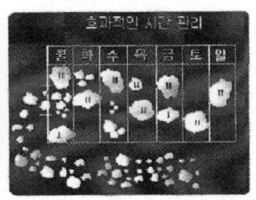

〈그림 1〉

내용을 보면 그 큰 돌들이 얼마나 많이 들어가는지, 또 그 큰 돌의 틈에 얼마나 많은 자갈들이 들어가는지를 보고 깜짝 놀라게 될 것이다. 여기서 요점은 그 밖에 어떤 것들이 들어갈 수 있느냐가 아니라 큰 돌들이 반드시 먼저 들어가야 한다는 것이다.

주간 계획을 세울 때에는 계획표에 적어 가면서 큰일들을 위한 시간을 배분하라. 예를 들어, 역사 과제물을 하기에는 목요일 밤이 좋고, 할머니께 전화드리는 것은 일요일 오후에 하는 것이 좋겠다면, 그 날짜와 시간에 그렇게 적어 넣으면 된다. 예약하는 것과 비슷하다. '하루에 세 번 남을 칭찬하기'라는 주간 목표를 정했다면, 그 일은 시간을 별로 잡아먹지 않는 것이니 계획표의 아무 곳에나 적어 넣으면 된다.

큰일들을 다 적고 나면, 다른 사소한 일들을 할 시간도 생길 것이다. 혹시나 시간이 생기지 않더라도 신경 쓸 필요 없다. 큰 돌들을 위해 작은 돌들을 치우는 것쯤으로 생각하면 된다.

### 3단계 : 나머지 계획

큰일들에 대한 계획이 끝나면, 그 밖의 잡다한 일이나 약속 등에 대한 계획을 세워야 한다. 작은 돌들을 넣는 것이다. 달력의 다음 장을 보면서, 방학, 콘서트, 생일 등 앞으로 다가올 일을 살펴볼 수도 있다.

## 2. 실행하라

계획을 실행하기 전에 맨 위의 '우선순위' 칸에 그날의 해야 할 일들의 우선순위를 정해 보라. 우선순위를 정하는 방법에는 먼저 중요도에 따라 A, B, C… 등급으로 나누고 긴급도에 따라 1, 2, 3… 등으로 숫자코드를 부여한다. 예를 들자면 내가 꼭 해야 하는 매우 중요한 것은 A, 해야 하긴 하지만 다른 사람에게 대신 부탁하거나 맡길 수 있는 일은 B, 그리고 선택사항으로 안 해도 되는 일은 C로 정하는 것이다. 그리고 긴급도에 따라 1, 2, 3으로 순서를 정한다. 즉, A1, A2, A3…, B1, B2, B3…C1, C2, C3…식으로 우선순위를 주는 것이다. 예를 들어 A2인 경우는 매우 중요한 일로서 그날에 두 번째로 긴급한 일이 되는 것이다.

이제 우선순위까지 정해졌으면 그대로 실행하라. 중간에 아마 몇몇 계획이 바뀔 수도 있을 것이다. 하지만 한 번 세운 계획은 꼭 지킬 수 있도록 최선을 다해야 한다. 하기로 했던 일을 하나도 빠짐없이 다 하지 못했다고 큰 문제가 되는 것은 아니다. 하기로 했던 일을 3분의 1밖에 못했다 하더라도, 아무 계획 없이 일을 하는 것보다는 많이 한 셈이니 괜찮다.

이런 주간 계획이 너무 엄격하고 복잡해 보인다고 해서, 없었던 일로 해서는 안 된다. 처음에는 가볍게 계획을 세우는 방향으로 한다. 큰일을 두세 가지만 정하고 거기에 관계된 계획만 세우는 것이다. 요점은 한 주를 시작하기 전에 미리 계획을 세우면 큰일에 집중할 수 있고, 결국 더 많은 것을 얻을 수 있다는 것이다.

### 3. 점검(평가)하라

그날의 실행을 마치면 오늘 하루를 어떻게 보냈는지 기도하며 점검해 보라.

주간 계획서 하단에 있는 ∨, →, ×, ∅, ●, 기호들을 활용해서 요일 구분선 옆 빈칸에 완료했을 때는 ∨표를 하고 연기됐을 때는 →표를 하는 식으로 체크해 보라.

정작 우리는 이와 같은 건전한 자기점검 및 평가는 못하면서 엉뚱하게 다른 사람과 비교하며 열등감에 빠져 살아간다. 신윤복의 작품과 김홍도의 작품을 비교할 수 있겠는가? 작품은 비교할 수 없는 저마다의 고유 가치를 지닌다. 우리 개개인 모두는 하나님의 걸작품이다. 다른 사람과 비교하지 말고 스스로에게 물어보라.

오늘 나는 과연 어제보다 나은 '오늘의 나'였는가?

내용출처 : 주간 계획서 작성 및 활용법은 '성공하는 10대들의 7가지 습관'(김영사 간, pp.158~161)의 내용 일부를 수정 편집했으며, 〈그림 1〉은 '소중한 것을 먼저 하라' (WMM인터넷 강의자료)에서 발췌 인용함.

## 주간 계획서 (Weekly Planner)

월 　일 ～ 　월 　일　이름:

| 시간 | 주일( ) | 월( ) | 화( ) | 수( ) | 목( ) | 금( ) | 토( ) |
|---|---|---|---|---|---|---|---|
| 우선순위 | | | | | | | |
| 6시 | | | | | | | |
| 7시 | | | | | | | |
| 8시 | | | | | | | |
| 9시 | | | | | | | |
| 10시 | | | | | | | |
| 11시 | | | | | | | |
| 12시 | | | | | | | |
| 1시 | | | | | | | |
| 2시 | | | | | | | |
| 3시 | | | | | | | |
| 4시 | | | | | | | |
| 5시 | | | | | | | |
| 6시 | | | | | | | |
| 7시 | | | | | | | |
| 8시 | | | | | | | |
| 9시 | | | | | | | |
| 10시 | | | | | | | |
| 11시 | | | | | | | |
| 12시 | | | | | | | |

∨ 완료했음(Completed)　→ 연기됨(Forward)　X 이행 못함(Deleted)　∅ 취소됨(Delegated)　● 진행중임(In Process)

부록 • 199

## 반 담임교사 '청소년 제자훈련 주간 평가서' 작성 안내

1. '먼저 하나님 앞에서'는 학생들 과제 수행에 자기관리를 돕기 위한 학생들의 Self-Check 문서입니다. 담임교사들은 학생들이 스스로 경건한 습관을 만들어갈 수 있도록 권면해 주시기 바랍니다.

2. 과제물 검사에 앞서 담임교사들이 모범을 보여 주셔야만 합니다.

3. 제반 항목의 평가는 3(상), 2(중), 1(하), 0(미제출/안 함)의 네 단계의 숫자로만 표기합니다.

   1) [성경읽기]는 80% 이상 읽은 경우 3점, 60% 이상 2점, 30% 이상 1점, 그 이하는 0점입니다.

   2) [큐티]는 주 5회 이상은 3점, 4~3회는 2점, 2~1회는 1점, 안 했을 경우는 0점입니다.

   3) 단, 해당 주차에는 제출하지 않고 이후에 과제를 별도로 제출할 경우 1로 표기합니다.

4. [반 모임 운영 참여 성실도] 항목은 앞의 6가지 척도 이외의 평가 항목으로, 매주 제자훈련 과정 시간에 대하여 학생들의 개인별 참여도와 성실도를 종합적으로 평가하시면 됩니다.

## 청소년 제자훈련 주간 평가서

| 훈련날짜 | 학생이름 | 교재예습 | 성경읽기 | QT | 독서과제 | 설교노트 | 생활과제 | 반모임 참여 성실도 |
|---|---|---|---|---|---|---|---|---|
| | | | | | | | | |
| | | | | | | | | |
| | | | | | | | | |
| | | | | | | | | |
| | | | | | | | | |
| | | | | | | | | |
| | | | | | | | | |
| | | | | | | | | |
| | | | | | | | | |
| | | | | | | | | |
| | | | | | | | | |
| | | | | | | | | |
| | | | | | | | | |
| | | | | | | | | |
| | | | | | | | | |
| | | | | | | | | |
| | | | | | | | | |
| | | | | | | | | |
| | | | | | | | | |
| | | | | | | | | |
| | | | | | | | | |
| | | | | | | | | |
| | | | | | | | | |
| | | | | | | | | |
| | | | | | | | | |
| | | | | | | | | |
| | | | | | | | | |
| | | | | | | | | |
| | | | | | | | | |
| | | | | | | | | |
| | | | | | | | | |
| | | | | | | | | |
| | | | | | | | | |
| | | | | | | | | |
| | | | | | | | | |

## 매일 기도 헌약

매일 기도는 내 영혼의 골방입니다.

그 골방에서 날마다 하늘의 만나를 먹는 영혼은

시냇가에 심은 나무같이 푸르며 요동치 않습니다.

가장 일상적인 것에 헌신함이 가장 어려운 일입니다.

그러므로 오늘부터 날마다 영혼의 골방 지키기를 소망하며,

포기함 없이 매일 기도에 헌신하기로 다짐합니다.

년    월    일

골방지기 :                (인)

## 제자훈련을 통해서 변화된 나

여러분이 참여하기로 결심한 제자훈련은 바로 자신과의 치열한 싸움입니다. 자기 자신과 스스로 약속한 이 싸움에서 이기지 못하면 성공하는 인생이 될 수 없다는 각오로 진지하게 임하도록 합시다.

각자 총 8주간의 제자훈련 기간 동안에 변화되고 싶은 자신의 모습을 상상하는 가운데 현실적으로 실천 가능한 자기관리 계획을 바탕으로 제자훈련을 통한 자신만의 구체적인 성취목표를 직접 작성해 봅시다.

| NO. | 제자훈련을 통한 구체적인 성취목표 설정<br>ex. 큐티의 일상화, 매일 기도하기, 신약성경 일독, 아빠와 친구 전도, 매주 토새 참석 등 제자훈련 기간 달성 목표 | 중간점검 1* | 최종달성 2* |
|---|---|---|---|
| | | | |
| | | | |
| | | | |
| | | | |
| | | | |
| | | | |

*1 : 각 성취목표에 대한 중간점검(자체평가)을 적어 봅니다. 담임선생님의 조언을 통하여 성취목표의 현실성을 높여 나가는 시간을 가져 봅시다.
*2 : 최종달성을 통하여 더욱 건강한 기독교인으로 변화된 자신의 모습을 상상하면서 달려가도록 합시다. '고지가 바로 저기인데 여기서 그만둘 수는 없다!'

(제자훈련 과제물 점검표)

## 하나님 앞에서

제자          반          월          일

| 이름 | 제자훈련<br>(정시출석,<br>지각, 결석) | 기도<br>(하루에<br>몇 분) | 성경읽기<br>(일주일에<br>총 몇 장) | 암송<br>(O,X) | Q.T<br>(일주일에<br>몇 번) | 교재예습<br>(O,X) | 독서과제<br>(O,X) | 주일예배<br>(정시출석,<br>지각, 결석) | 생활과제<br>(O,X) |
|---|---|---|---|---|---|---|---|---|---|
| | | | | | | | | | |
| | | | | | | | | | |
| | | | | | | | | | |
| | | | | | | | | | |
| | | | | | | | | | |
| | | | | | | | | | |
| | | | | | | | | | |
| | | | | | | | | | |
| | | | | | | | | | |
| | | | | | | | | | |
| | | | | | | | | | |
| | | | | | | | | | |